Vendre Ses Créations en Ligne

Le Guide de l'Artisan pour Vendre sur
Etsy, Amazon, Facebook, Instagram,
Pinterest, eBay, Shopify, et Plus Encore

James Dillehay

Vendre Ses Créations en Ligne
© 2026 by James Dillehay

ISBN: 978-1-965258-05-7

Published by:
Warm Snow Publishers
Torreon, NM 87061
www.Craftmarketer.com

Table des Matières

Introduction

Vous voulez plus d'acheteurs en ligne pour vos produits faits main ? Ce livre vous donne des idées de marketing concernant chacune des plateformes principales pour que vous puissiez décider de celle qui vous convient actuellement.

Il vous montre également comment intensifier vos ventes en vendant sur plusieurs plateformes lorsque vous serez prêt. En tant que vendeur d'articles faits main, vous n'êtes pas limité à Etsy, Amazon Handmade, ou à avoir votre propre site Web, bien que chacune de ces options pourrait à elle seule fournir un commerce substantiel.

Si vous pouvez gérer une plus grande entreprise, vous pouvez simultanément administrer des boutiques sur Facebook, Instagram, Pinterest et d'autres plateformes sociales où les acheteurs peuvent voir vos publications de produits et commander directement sans quitter le site sur lequel ils se trouvent.

Avoir plusieurs magasins peut générer la sensation d'être débordé. Ici, vous découvrirez des outils et des applications qui vous aideront à développer et gérer votre présence sur de nombreux sites à travers une seule interface.

Il y a beaucoup d'idées décrites dans ces pages. Mais elles ne sont pas là pour vous encourager à plonger immédiatement dans chacune d'entre elles. En fait, à moins d'avoir d'abord déjà maîtrisé un marché en ligne comme la vente sur Etsy, s'attaquer à plus de marchés s'avérera n'apporter que saturation, confusion et stress.

Lisez le livre dans l'ordre où il a été écrit. Prenez des notes sur les marchés et les outils qui vous attirent. Modifiez le plan de marketing suggéré au chapitre 5 pour répondre à votre situation et à vos besoins.

Prendre des mesures de marketing aléatoires ici et là finira par apporter des revenus occasionnels. Mais travailler en se basant sur un plan apporte des bénéfices mesurables et durables dans les plus brefs délais. Si vous voulez une entreprise qui génère de l'argent de façon prévisible au fil du temps, organisez vos actions autour d'un plan directeur.

Votre plan est votre guide, mais il n'est pas gravé dans la pierre, en particulier avec le commerce électronique, qui se transforme rapidement. Pour faire croître une entreprise prospère, adoptez un état d'esprit adaptatif. Examinez régulièrement vos progrès et modifiez votre plan en fonction des résultats des mesures que vous avez mises en place et des circonstances actuelles.

Les marchés en ligne vont et viennent, ou changent leurs règles d'exploitation. C'était un monde différent quand j'ai commencé à vendre en ligne en 1998. Avant Etsy, les fabricants de produits faits main vendaient sur leurs propres sites Web ou sur eBay, AltaVista était un moteur de recherche majeur, et Netscape était le navigateur le plus populaire. Vous vous souvenez de l'un d'entre eux ?

En 2000, j'ai écrit un livre intitulé The Basic Guide to Selling Crafts on the Internet, dans le cadre d'une série de livres sur le commerce d'artisanat. Bien que quelques-unes des lignes directrices de ce premier livre se soient maintenues au fil du temps, la plupart d'entre elles ont changé. J'ai adapté ces modifications dans ma propre entreprise et je gagne maintenant une bonne partie de ma vie du marketing Internet. Vous le pouvez, vous aussi.

L'Université d'Alaska m'a engagé pour développer un cours de marketing en ligne qu'ils ont mis à la disposition des artisans en Alaska. J'ai donné des cours par l'intermédiaire de The Learning Annex, le Bootcamp Marketing for Artists and Craftspeople, et bien d'autres. Les leçons que j'ai décrites dans ce nouveau guide peuvent accélérer vos progrès et augmenter vos résultats.

Beaucoup de vendeurs confondent le marketing avec la publicité. La publicité payante n'est qu'une forme de marketing. Comme mon mentor et co-auteur d'un livre de la

série internationale à succès Guerrilla Marketing a déclaré: «
Le marketing consiste en toute communication que vous faites
sur votre produit ou votre entreprise. »

Ce nouveau livre vous présente plus de façons de
communiquer, afin que vos produits soient consultés, mémorables,
achetés et recommandés.

Avant de nous plonger dans les méthodes pour lancer vos produits
en ligne, créons d'abord votre entreprise légalement, afin d'éviter de
futurs problèmes.

Chapitre 1

Monter Votre Affaire

Avant de pouvoir faire des ventes en ligne, vous avez besoin de mettre certaines choses en place. Ce chapitre explique les étapes de base pour la création de votre entreprise afin d'éviter de futurs problèmes avec l'IRS et de faire fonctionner votre commerce en ligne plus en douceur.

Ici, vous allez apprendre ce qui suit :

* Choisir un nom pour votre entreprise
* Compte courant d'entreprise, licence d'entreprise et permis
* Accepter les paiements par carte de crédit
* Tenue des registres

Choisir un Nom pour Votre Entreprise

Votre entreprise en ligne a besoin d'un nom court, accrocheur et mémorable qui n'appartient pas déjà à quelqu'un d'autre. Utilisez le nom de votre entreprise lors de la création d'un site Web, de la configuration de comptes de médias sociaux et d'éléments juridiques tels qu'une licence commerciale ou un compte courant professionnel.

De nombreux fabricants utilisent leur propre nom comme nom commercial. C'est plus personnel ; les acheteurs peuvent voir qu'il y a une personne réelle derrière le nom.

Que vous utilisiez votre nom ou pas, une recherche Google est l'endroit idéal pour savoir si quelqu'un utilise déjà le nom que vous souhaitez.

Si vous ne trouvez pas votre nom potentiel enregistré en tant que marque déposée, effectuez une recherche de nom d'entreprise dans votre État. Pour ce faire, recherchez l'expression « disponibilité pour nom d'entreprise (nom de votre État) ». Généralement, cette recherche fera apparaître le bureau de dépôt des entreprises dans votre État, et vous pourrez donc savoir si quelqu'un d'autre utilise déjà le nom que vous avez en tête.

Après avoir effectué la recherche et confirmé que personne d'autre n'utilise votre nom commercial idéal, enregistrez-le avec une licence commerciale.

Si vous ne prenez pas de mesures pour vous assurer que votre nom n'est pas déjà utilisé, cela pourrait vous coûter du temps et de l'argent plus tard si une entreprise établie avec le même nom se présentait et vous demandait d'en cesser l'utilisation et de renoncer à ce nom.

Compte Courant d'Entreprise, Licences Commerciales et Permis

Étant donné qu'Etsy et de nombreuses autres places de marché en ligne ne requièrent pas de licence commerciale lorsque vous créez une boutique, vous pourriez peut-être vous demander pourquoi vous devez quand même vous inscrire.

Les revenus que vous générez des ventes en ligne peuvent être suivis par l'IRS. Pour éviter des problèmes d'avoir à leur expliquer d'où vient l'argent, créez votre entreprise légalement dès le début des ventes. Documentez vos revenus et dépenses comme preuves que vous êtes une entreprise légitime.

Créez un compte courant d'entreprise distinct pour suivre les revenus et les dépenses de votre entreprise. La plupart des banques exigent une licence commerciale pour ouvrir un compte courant professionnel.

Pensez également à obtenir une carte de crédit distincte que vous n'utiliserez que pour les achats professionnels.

Licence commerciale locale. Pour les autres pays, recherchez sur Google la phrase « comment démarrer légalement une entreprise au/en (insérez le nom de votre pays) ».

Pour démarrer et enregistrer une entreprise au Canada, consultez canada.ca/en/services/business/start.html.

Pour le Royaume-Uni, visitez www.gov.uk.

Pour l'Australie, commencez par register.business.gov.au.

Consultez également business.gov.au/registrations/register-for-taxes/tax-registration-for-your-business

Au sein de l'Union européenne, allez sur europa.eu/youreurope/business/running-business/start-ups/starting-business/index_en.htm

Accepter les Paiements par Carte de Crédit

Si vous prévoyez de vendre sur Etsy, Amazon Handmade ou un autre marché en ligne, vous n'aurez pas besoin d'un processeur de carte de crédit, car ces sites gèrent les transactions et vous facturent les frais de traitement. (Ces frais sont des dépenses déductibles d'impôt.)

Si vous possédez votre propre site Web, vous aurez besoin d'un processeur de carte de crédit ou d'une passerelle de paiement pour gérer les transactions des ventes en ligne.

Accepter les cartes de crédit fait-il une différence ? Pour les achats impulsifs comme ceux qui ont lieu dans des salons d'artisanat, la réponse est un oui catégorique. Mes ventes ont plus que doublé lorsque j'ai commencé à accepter les cartes. Je ne suis pas le seul. Une enquête a montré que 83 % des entreprises déclarent avoir augmenté leurs ventes.

Ventes hors ligne. Près de 80 % des acheteurs préfèrent utiliser une carte de crédit. Les applications mobiles ont facilité l'acceptation des cartes de crédit de n'importe où. À l'aide d'un petit lecteur de carte qui se branche sur votre smartphone et d'une application à partir de votre processeur de carte, vous pouvez saisir un élément, faire glisser ou insérer la carte et demander à l'acheteur de signer avec son doigt ou un stylet.

Deux fournisseurs de services mobiles pour cartes de crédit populaires iZettle, SumUp und Payleven, et PayPal. Les deux services vous permettent d'accepter les paiements par carte de crédit via votre smartphone sans frais mensuels, et n'appliquent que des frais par transaction. Le montant d'une vente moins les frais est déposé directement sur votre compte courant.

Tenue des Registres / Comptabilité

Gardez des registres de vos ventes avec vos dépenses. L'IRS oblige les entreprises à tenir des registres et à déposer des déclarations de revenus, même s'il n'y a aucun bénéfice.

Il existe différentes façons de conserver des registres. Si vous avez un smartphone, des applications comme *Expensify* vous permettent de prendre des photos de vos reçus. Si vous préférez tout enregistrer à la main, des carnets de bord pour le suivi des dépenses peuvent être obtenus dans les magasins de fournitures de bureau et les librairies.

Voici des exemples de dépenses que vous pouvez déduire de vos revenus d'entreprise : assurance liée à l'entreprise, frais de location ou exposition, frais bancaires, périodiques commerciaux, publicité, fournitures de bureau, charges pour services, main-d'œuvre contractuelle, salaires, location ou réparation d'équipement, amortissement, et le coût des marchandises vendues.

Une fois que vous avez un système comptable en place, il est recommandé de sauvegarder régulièrement vos fichiers et de les stocker en toute sécurité. Depuis qu'un ordinateur est tombé en panne et a effacé toutes mes données, je garde maintenant deux ensembles de sauvegardes sur disque dur externe et un compte de sauvegarde en ligne. Les questions juridiques et comptables peuvent sembler fastidieuses, mais bien faire les choses signifie que vous pouvez vous détendre et aller de l'avant sans vous soucier de futurs problèmes avec le gouvernement.

Lorsque vous créez ou relookez votre entreprise, réfléchissez à la manière dont vous allez l'étiqueter. Le chapitre suivant montre comment créer des indices de marque mémorables pour développer une gamme de produits faits main.

Chapitre 2

Création de Votre Marque en Ligne

Lorsque vous vous préparez à commercialiser en ligne, la stratégie de marque peut aider vos articles à se démarquer, à accroître l'engagement et à stimuler les ventes. Lors de la promotion en ligne, votre présentation doit vendre pour vous. Ce chapitre enseigne comment s'y prendre.

Le matériel promotionnel vous donne un moyen de transmettre des indices de marque afin que les clients s'en souviennent et parlent de vous à d'autres personnes. L'image de marque comprend votre histoire et la façon dont vous la transmettez. Elle comprend également l'utilisation d'éléments de style cohérents tels que les polices, les couleurs et les icônes qui sont présents sur vos pages Web, vos profils de réseaux sociaux, et plus encore.

Indices de Marque

Les premières impressions sont souvent durables, y compris les noms commerciaux et les logos. Voici les éléments qui entrent dans la construction du message de votre marque. Certains d'entre eux sont à nouveau mentionnés ailleurs dans ce guide.

* *Votre Histoire.* Les gens s'identifient aux histoires. Votre histoire a le potentiel de faire vibrer des cordes sensibles. Les objets fabriqués en masse nous connectent rarement aux personnes réelles derrière les produits. Les tendances de l'achat artisanal et de la mode durable révèlent que les acheteurs rejettent les produits fabriqués en usine au profit de la créativité individuelle.

* *Nom de Votre Entreprise.* Une fois que vous avez choisi le nom que vous avez l'intention d'utiliser, placez-le dans

votre matériel promotionnel. Réfléchissez bien au nom que vous choisissez, car ce sera long et probablement coûteux de le changer plus tard.

* *Votre Authenticité*. Les grandes entreprises ont du mal à transmettre de l'authenticité. Les entreprises n'ont pas d'âme. En tant que petite entreprise, si vous êtes authentique, c'est votre marque. Personne d'autre n'est comme vous. Tous vos choix concernant les logos, les polices, les couleurs et les images peuvent refléter votre personnalité.

* *Images*. Les images racontent des histoires. Elles fournissent des visuels lorsque vous faites du marketing en ligne et pour votre affichage lorsque vous êtes à des expositions d'art ou d'artisanat. Il vous faut : des images présentant uniquement le produit sur fond blanc pour les listings de magasins en ligne, des images détaillant le processus de fabrication, des images de modes d'utilisation si nécessaires, des images de style de vie montrant des personnes appréciant votre article, des images pour le jury lors de la candidature à des foires d'art et d'artisanat, et des photos de vous pour accompagner votre histoire en tant qu'artiste. Voir le Chapitre 3 pour plus d'informations sur les photos.

* *Votre Logo*. Un logo est un petit visuel qui exprime un sentiment que vous souhaitez transmettre aux acheteurs. Plus loin dans ce chapitre, vous trouverez où il est possible de concevoir votre logo ou d'engager les services de graphistes professionnels.

* *Votre Pitch d'Ascenseur*. En quelques phrases courtes (environ 30 secondes ou moins) quelle est la promesse de votre produit aux clients ? Par exemple, un fabricant de sacs à main promet aux acheteurs un « accessoire de mode pratique et élégant ».

* *Polices et couleurs*. La cohérence fait partie d'une bonne image de marque. Choisissez des polices et des couleurs et utilisez les mêmes sur tous vos documents imprimés et dans le contenu de votre site Web.

* *Vos Coordonnées*. Chaque message que vous envoyez ou promouvez doit contenir des informations sur la manière dont

les gens peuvent facilement vous joindre, notamment votre site Web, votre numéro de téléphone, votre adresse e-mail et votre adresse.

Lorsque vous réfléchissez à la façon de concevoir le look & feel de votre entreprise, inspirez-vous en consultant comment les vendeurs qui ont du succès s'y prennent pour consolider la marque de leur entreprise.

Rendez-vous sur https://etsyrank.com/ où vous pouvez parcourir les boutiques Etsy qui vendent le plus. Choisissez la catégorie qui se rapproche le plus de votre gamme de produits. Observez les vendeurs à succès dans votre catégorie. Comment utilisent-ils les polices, les couleurs et les logos ?

Consultez également les vendeurs sur https://www.amazon.com/Best-Sellers/zgbs par catégorie. Choisissez « Fait main » pour votre catégorie principale, puis explorez les sous-catégories les plus proches de votre niche et Amazon vous montrera les meilleurs vendeurs dans ces domaines.

Types de Matériel Promotionnel

Une fois que vous avez créé vos indices de marque et qu'ils sont disponibles, réutilisez-les encore et encore dans vos différents supports promotionnels, tels que :

Vidéos. Racontez l'histoire de votre artiste avec une vidéo. La vidéo règne en maître sur le marketing en ligne. Plus de 70 % (et le chiffre est en hausse) des acheteurs disent qu'une vidéo a influencé leur achat. Plus de 90 % de l'audience aura tendance à se souvenir d'un appel à l'action sur une vidéo. Etsy, Amazon et la plupart des sites sociaux soutiennent et encouragent les vidéos de produits pour augmenter les ventes.

Les cartes de visite font partie des outils les moins chers, mais les plus utiles de l'entrepreneur. Imaginez que vous portez quelque chose que vous avez fabriqué quand quelqu'un vous croise et vous dit : « C'est vraiment très joli, où l'avez-vous trouvé ? » Vous êtes préparé avec une carte de visite contenant toutes vos coordonnées.

Étiquettes Pendantes. Chaque pièce que vous vendez doit avoir une étiquette pendante qui présente des détails sur votre produit : la façon dont vous l'avez fabriqué, des instructions simples pour l'entretien du produit le cas échéant, et une expression telle que « fait à la main par » suivie de votre nom.

Cartes de Remerciement. Glisser dans chaque vente une carte de *remerciement* signée est une touche chaleureuse et personnelle que les clients apprécieront, car de nombreux vendeurs négligent de le faire. Incluez votre logo et vos coordonnées au dos. Lorsque j'emballe une commande en ligne à envoyer, je place une carte de *remerciement* avec un coupon pour une réduction sur la prochaine commande du client.

Emballage. L'emballage est une autre opportunité pour afficher l'image de marque et faire passer des messages. Utilisez (et faites savoir aux clients que vous utilisez) des emballages biodégradables, du carton ondulé recyclé, du papier recyclé ou d'autres matières organiques biodégradables.

Cartes Postales. Elles envoient des rappels à faible coût aux clients existants. Les cartes peuvent inclure une image accrocheuse d'un côté et un message marketing, un nom, une adresse et un site Web de l'autre côté. Les cartes postales peuvent aider à vendre de nouveaux produits ou informer de soldes de liquidation. Envoyez régulièrement des cartes à votre liste de clients. Expédiez des fiches sur invitation à votre liste de diffusion de clients chaque fois que vous êtes de retour dans leur région à l'occasion d'un salon ou d'une vente en réunion. Un côté de la carte contient votre dernière image accrocheuse. Puisqu'il n'y a pas d'enveloppe laissant le choix d'ouvrir ou pas, les clients voient obligatoirement votre photo.

Votre message sur répondeur. Si vous ne répondez pas toujours à votre téléphone, votre message vocal peut communiquer un message marketing. Incluez l'adresse de votre site Web et peut-être des informations sur un prochain salon d'artisanat où vous exposerez. Cela implique de mettre à jour votre message régulièrement si vous participez à beaucoup de ces salons, mais cela crée l'impression de quelqu'un qui est occupé à vendre.

Des chèques, étiquettes d'adresse de retour, reçus de vente, bons-cadeaux, formulaires de commande et étiquettes autocollantes offrent davantage de possibilités d'ajouter un logo, un site Web et un texte promotionnel à propos de ce que vous faites. Lorsque j'accepte les cartes de crédit lors de salons d'art et d'artisanat, le client reçoit un courriel ou un reçu par texte qui comprend le nom de mon entreprise, une photo de moi et des informations de contact afin qu'il puisse facilement se souvenir de la personne avec qui il a effectué l'achat.

Fournisseurs de Conception Graphique

Un design mémorable dans vos supports marketing est aussi important que des images de produits accrocheuses. Si vous souhaitez concevoir le vôtre, les sites suivants peuvent vous aider avec des modèles faciles à utiliser :

* Canva.com
* GetStencil.com
* Snappa.com
* Fotor.com
* DesignBold.com

Vous n'êtes pas totalement sûr de comment créer des emballages intéressants ? Trouvez des exemples sur :

* Flickr.com/search/?q=packaging
* Pinterest.com (recherchez « design emballage créatif »)

Si vous souhaitez externaliser l'aspect design, engagez des designers pour le faire à votre place sur :

* CreativeMarket.com
* MockupEditor.com
* DesignHill.com

* CrowdSpring.com
* Fiverr.com
* HatchWise.com (logos)
* Etsy.com Recherchez « création de logo », « conception de bannière » ou « relooking de boutique Etsy »

Services d'Impression

Une fois vos conceptions créées, utilisez les services suivants pour une impression rapide.
* VistaPrint.com
* GotPrint.com
* Moo.com
* Printique.com

Se préparer à être sur le devant de la scène implique de porter attention à vos images, l'un des critères les plus importants invoqués par les acheteurs en ligne pour expliquer la raison de leur achat. Le chapitre suivant décrit comment créer des photos qui se chargent de vendre le produit à votre place.

Chapitre 3

Des Images qui Vendent

Des photos exceptionnelles convertissent davantage de clients en ligne en acheteurs. Si vous commencez tout juste à rassembler des images ou que vous souhaitez améliorer celles que vous avez utilisées jusqu'alors, regardez les images mises en lignes dans les boutiques Etsy à succès (https://etsyrank.com/) et observez à quel point leurs photos sont nettes et claires, bien éclairées et montrent le produit sous différents angles.

Il existe énormément de tutoriels gratuits en ligne pour améliorer les photos de vos produits ou vos compétences avec des logiciels d'image comme Photoshop. Ce chapitre vous renvoie aux meilleurs conseils pour la photographie à faire soi-même ou l'externalisation.

Commençons par définir les six types d'images de produits qui aident à vendre vos articles :

1. **Des images de produits uniquement** sur fond blanc pour les listings de boutiques en ligne. Des études montrent que le fond blanc améliore les ventes en ligne. Des images sur fond blanc sont requises lors de la vente sur Amazon, mais pas sur Etsy.

2. **Des images montrant les étapes de fabrication**. Des photos de vous en train de fabriquer vos produits. Les acheteurs aiment voir les artisans au travail. Racontez votre histoire « comment j'ai fait ça » avec des photos.

3. **Des images d'instructions étape par étape** où une personne sur la photo montre comment utiliser un produit, le cas échéant. Mes ventes ont doublé lorsque j'ai commencé à inclure une carte « comment porter le produit » avec chaque achat. La carte montrait neuf façons différentes de porter l'article.

4. **Des images de style de vie** qui montrent des personnes posant de manière authentique tout en appréciant votre objet.

Si vous pouvez en obtenir, utilisez des images de vrais clients (avec leur autorisation préalable) en train d'utiliser vos produits. Vous pouvez également demander à des personnes (j'en ai trouvé plusieurs sur Fiverr comme mentionné ci-dessous) de modeler votre article.

5. **Des images pour le jury** à soumettre avec une candidature à des foires d'art et d'artisanat. Alors que j'écris ceci, de nombreux salons d'artisanat ont été annulés en raison de la Covid, mais j'espère que les salons et les événements redeviendront bientôt des lieux de marketing.

6. **Portraits de vous** pour accompagner votre histoire d'artiste dans vos supports promotionnels et vos profils de médias sociaux.

De combien de photos aurez-vous besoin ? Plus vous en aurez, mieux ce sera. Vous pouvez les utiliser pour la publication sur les médias sociaux, les listings de produits et les articles de blog. Etsy et Amazon vous permettent de mettre en ligne dix images pour chaque listing de produits. Essayez d'utiliser tout ce qu'ils permettent.

Photographie à faire soi-même

Si vous avez un budget serré ou que vous souhaitez simplement faire vos propres photos, les sites suivants proposent des tutoriels :
* join.shawacademy.com/online-photography-course
* alison.com/tag/photography
* youtube.com/user/tutvid/playlists
* bit.ly/PHLearnVids (Tutoriels Photoshop)

Trouver des Photographes

Les photographes de produits commerciaux peuvent coûter des centaines de dollars. Lorsque vous engagez un professionnel, vous vous rendrez rapidement compte qu'il facturera des frais supplémentaires pour les droits d'auteur ainsi que pour les photos elles-mêmes. Même si cela permet d'obtenir de superbes photos, vous n'avez peut-être pas les fonds nécessaires pour investir autant d'argent au début. Voici des options moins chères :

* Sur Fiverr.com, j'ai recherché « photographie de produits » et trouvé des tarifs abordables. Le droit d'auteur est inclus dans les frais. Recherchez des fournisseurs avec des critiques positives et ayant réalisé de nombreux travaux. Je travaille uniquement avec ceux qui ont reçu plusieurs évaluations de cinq étoiles.

* Une autre source pour trouver des photographes est Etsy.com. Tapez dans la barre de recherche « photographie de produits » et vous obtiendrez des milliers de résultats. La plupart des services concernent uniquement les images de produits, pas les modèles. Si votre produit a besoin d'un modèle, attendez-vous à payer plus.

* Recherchez également « maquette » sur Etsy pour des milliers d'exemples de produits dans différents environnements de style de vie.

* CreativeMarket.com et DesignCuts.com propose une vaste collection de maquettes pour simuler l'image de votre produit dans un certain cadre de style de vie.

Pour plus de conseils sur la photographie artisanale, consultez les ressources sur : handmadeology.com/big-list-of-product-photography-tips/.

Vous avez à présent fondé votre entreprise, commencé à la personnaliser et créé des images époustouflantes. Combien allez-vous demander pour vos articles ? Une question encore plus importante à laquelle le prochain chapitre va répondre est « combien les acheteurs paieront-ils ?

Chapitre 4

Fixer le Prix d'Articles Faits Main pour la Vente en Ligne

C e chapitre vous apprend à évaluer le prix de vos produits faits main pour les ventes en ligne, afin que vous réalisiez un bénéfice sain. Connaître vos marges bénéficiaires guide vos choix en ce qui concerne où vendre, ce que vous allez vendre et la manière dont vous développez votre entreprise.

Ce que vous allez apprendre :
* Comprendre les prix de vente au détail et en gros
* Découvrir combien les acheteurs paieront
* Combien cela vous coûte de fabriquer un article
* La formule de tarification
* Votre marge bénéficiaire
* Tarification d'un travail unique en son genre

Comprendre les Prix de Vente au Détail et en Gros

Vous pouvez vendre vos pièces artisanales sur plusieurs marchés comme Etsy ou Amazon, dans des boutiques de cadeaux, à des designers d'intérieur, lors de salons d'artisanat et d'expositions, à travers des galeries ou même des catalogues de vente par correspondance. Ces marchés appartiennent à l'une des deux catégories suivantes : vente au détail ou en gros. Cette section décrit les différentes approches de tarification selon chaque catégorie.

Le prix pour la vente au détail est le montant que vous demandez pour une pièce lorsque vous la vendez directement à un client. Vous pourriez vendre au détail, par exemple, dans des expositions d'art et d'artisanat, des festivals, en ligne via un site Web, au cours de ventes en réunion ou depuis votre propre studio.

Le prix de vente en gros est le montant que vous facturez pour les articles que vous vendez à quelqu'un d'autre qui revend ensuite vos produits à ses clients. Par exemple, les magasins, les galeries, les designers d'intérieur et les catalogues de vente par correspondance comme Sundance Catalog sont des marchés de vente en gros. Les magasins fixent le prix des articles entre deux à deux fois et demie plus cher que ce qu'ils ont payé pour les obtenir.

Si vous envisagez de développer votre entreprise en vendant à des magasins, connaître vos coûts et vos prix vous indique si vous pouvez vous permettre de vendre en gros. Imaginez avoir cinquante magasins ou plus à travers le pays exposant vos articles cinq à sept jours par semaine.

Il n'y a pas de réponse définitive pour savoir quel est le meilleur modèle commercial entre le commerce de vente en gros ou au détail. Je connais des créateurs qui ne feront pas de salons d'artisanat, préférant travailler à domicile. J'en connais d'autres qui ne font que des spectacles ou vendent en ligne et ne réalisent jamais de vente en gros. Et il y a d'autres vendeurs comme moi qui font les deux.

Combien les Acheteurs Paieront-ils ?

La question que se posent presque tous les nouveaux créateurs est : « Combien dois-je facturer pour mon travail ? ». Une question encore plus importante est : « Combien les acheteurs paieront-ils ? ».

Vous ne voulez pas perdre d'argent en demandant juste assez pour récupérer vos frais alors que les clients paieront volontiers des prix plus élevés.

Pour trouver le prix moyen que les acheteurs paieront pour des articles comme les vôtres, il existe des moyens d'enquêter sur ce qui se vend, où et à quel prix. Cela peut être une sacrée aventure de surfer en ligne pour parcourir Etsy ou Amazon Handmade ou encore de visiter des foires d'artisanat et des magasins pour explorer le marché.

Vous constaterez peut-être que le prix moyen d'un article est plus élevé sur un marché donné en comparaison avec celui d'une création similaire sur un ou plusieurs marchés différents. Par exemple, un ensemble de lettres en bois peut se vendre sur Etsy à un certain prix, dans des foires artisanales à un prix différent et dans les magasins à un prix plus élevé.

Vous trouverez ci-dessous les principaux sites de commerce électronique sur lesquels vous pouvez consulter les prix des articles faits main avec un historique des ventes. Il est préférable d'examiner uniquement les articles possédant un historique des ventes, car cela prouve que le prix de l'article correspondait aux attentes des acheteurs.

www.etsyrank.com. EtsyRank est un service d'abonnement qui vous permet d'évaluer rapidement la concurrence de vos mots-clés et produits. Tapez des mots décrivant le mieux votre article et EtsyRank proposera les mots-clés associés, les meilleurs vendeurs et leurs prix.

www.marmalead.com. Marmalead, comme EtsyRank, est un service d'abonnement fournissant des analyses de données similaires des mots-clés, des ventes et des prix sur Etsy.

www.amazon.com/Best-Sellers-Handmade/zgbs/handmade/ vous donne une liste des meilleurs vendeurs dans la catégorie Amazon Handmade. Si les articles présentés se vendent bien, les prix correspondent aux attentes des acheteurs.

www.ebay.com. Sur le côté gauche de la page, dans la rubrique « catégories », sélectionnez « artisanat », puis recherchez et cliquez sur « pièces fabriquées à la main & finies ». Recherchez ensuite « préférences » et choisissez « listings complets ». Sur le côté droit de la page de résultats se trouvent les listings de vente aux enchères des produits. Triez les annonces en choisissant « prix: le plus élevé en premier ». Recherchez : (1) les produits qui se vendent, (2) le nombre d'offres — cela montre si les gens sont désireux d'acheter ces créations, (3) le prix — montre l'offre la plus élevée ou combien les gens sont prêts à payer.

www.sundancecatalog.com. Le Sundance Catalog fait partie des catalogues de vente par correspondance les plus populaires contenant des articles faits main. Ils envoient des copies à des millions d'acheteurs. Malheureusement, pour l'artiste artisan, les catalogues veulent des articles dont le prix peut être valorisé au moins quatre fois.

www.artfulhome.com. Si vous souhaitez vendre à des designers d'intérieur, c'est un site impressionnant pour vérifier les prix. Certaines pièces présentées ici se vendent des milliers de dollars.

www.faire.com. Un site majeur permettant aux fabricants artisanaux de proposer leurs gammes de produits aux acheteurs en gros. Pour aider les acheteurs en magasin, Faire montre également quels articles sont des best-sellers, ou, selon leurs propres termes, les produits « qui vident les étagères ».

www.qvc.com. Dans le champ de recherche, saisissez un objet artisanal similaire à ce que vous fabriquez comme « nichoir », « planche à découper », « ornement », « idée de décoration » ou tapez simplement « fait main ». Notez les prix auxquels les articles se vendent. QVC achète en quantité, puis revend certains objets à un prix majoré. QVC est présent à la télévision depuis 1986 et a développé l'habileté d'acheter des articles qui se vendent.

Une fois que vous savez ce que les acheteurs sont habitués à payer pour des articles d'artisanat comme le vôtre, vous devez ensuite connaître les coûts de leur fabrication.

Coût des Marchandises ou Coût de Production

Le coût des marchandises est ce que vous dépensez pour fabriquer les produits que vous vendez. Le coût des marchandises comprend tous les frais liés au matériel, à la main-d'œuvre et aux frais généraux.

Prenons comme exemple les carillons éoliens, car ce sont des vendeurs réguliers dans les salons d'artisanat et en ligne. « Carillons éoliens » a été recherché plus de 28 800 fois au cours d'un mois récent sur Etsy.

Coût du Matériel

Vos matériaux comprennent le bois, la colle, les charnières, les accessoires et toutes les autres fournitures nécessaires à la réalisation d'un projet. Par exemple, disons que vous fabriquez des carillons éoliens à partir de bois et de matériaux recyclés. Pour notre exemple, fixons le coût total du matériel pour un ensemble de carillons à 9 $:

Coût de la Main-d'œuvre

Le coût de la main-d'œuvre est la valeur monétaire du temps nécessaire pour rassembler, préparer et produire un article. Le coût de la main-d'œuvre sera le salaire horaire que vous vous payez à vous-même ou le salaire que vous payez à d'autres en tant qu'employés ou entrepreneurs indépendants.

Quelle est la valeur de votre temps ? C'est quelque chose que vous devez décider, mais je ne commencerais pas à moins de 20 $ de l'heure.

Si vous pouvez vendre des articles à un prix qui vous permettrait de gagner 30 $, 35 $, ou plus par heure, vous pouvez engager de manière rentable d'autres personnes à un taux inférieur (comme 15 $ par heure) pour aider à produire vos pièces quand les ventes justifient l'externalisation de la main-d'œuvre.

En continuant avec l'exemple des carillons musicaux, disons que vous avez décidé de valoriser votre travail à 20 $ par heure.

LE TEMPS NÉCESSAIRE POUR DISPOSER LE MATÉRIEL AVANT L'ASSEMBLAGE : 2 MINUTES
TEMPS D'ASSEMBLAGE D'UN ENSEMBLE DE CARILLONS : 13 MINUTES
COÛT TOTAL DE LA MAIN-D'ŒUVRE : 0,25 HEURE (15 MINUTES) x 20 $ L'HEURE = 5 $

Remarque : lorsque vous fabriquez une pièce pour la première fois, votre temps de main-d'œuvre sera plus long. Après en avoir exécuté plusieurs, vous aurez maîtrisé des façons de réduire le temps de production. Avec de la pratique, vous arriverez au véritable coût de votre main-d'œuvre.

Le coût des matériaux pour les carillons éoliens est de 9 $ et le coût de la main-d'œuvre est de 5 $, ce qui donne un total de 14 $. Nous devons maintenant tenir compte d'un autre coût souvent négligé au moment de faire des affaires, communément appelé frais généraux.

Frais Généraux

Les frais généraux désignent les dépenses que vous payez pour exploiter votre entreprise au jour le jour, même si vous travaillez de chez vous. Les frais généraux sont également appelés coûts fixes parce que ces dépenses demeurent dans une fourchette prévisible tout au long de l'année, peu importe les quantités que vous vendez.

Voici quelques exemples de frais généraux : permis commercial, loyer, services, téléphone, assurance, publicité, fournitures de bureau, fournitures de nettoyage, cotisations professionnelles, et ainsi de suite.

Le calcul de tous ces coûts prendrait du temps. Les entreprises plus établies feront la diligence raisonnable, mais un raccourci simple pour une entreprise à domicile est de calculer 25 pour cent du total de vos matériaux et coûts de main-d'œuvre pour arriver à un montant qui se rapproche de vos frais généraux.

AJOUT DE FRAIS GÉNÉRAUX ESTIMATIFS POUR LES CARILLONS
ÉOLIENS :
MAIN-D'ŒUVRE DE 5 $ + MATÉRIAUX DE 9 $ = 14 $
14 $ x 25 % DE FRAIS GÉNÉRAUX ESTIMÉS = 3,50 $

COÛT DE PRODUCTION TOTAL DES CARILLONS ÉOLIENS :
14 $ + 3,5 $ = 17,50 $

La Formule de Tarification

Comme vous pouvez le voir dans l'exemple ci-dessus, le total de la main-d'œuvre, des matériaux et des frais généraux pour faire un carillon éolien est de 17,50 $. C'est le montant que nous devons récupérer pour équilibrer les comptes. Mais 17,50 $ n'est pas nécessairement le prix auquel vous fixeriez vos carillons éoliens.

Reprenez la recherche que vous avez faite plus tôt pour connaître le prix moyen du marché pour les carillons éoliens. Vous pourriez découvrir que ceux qui sont similaires au vôtre se vendent sur Etsy ou Amazon ou dans des foires artisanales pour un prix moyen de 20 $ ou plus. Puisque c'est un prix que les acheteurs sont habitués à voir, vous viseriez juste en fixant votre prix au moins à 20 $. Si vous utilisez des matériaux recyclés, vous pouvez demander un peu plus, même si vos coûts sont inférieurs. Plusieurs sondages indiquent que les acheteurs paieront plus cher pour posséder des articles produits de façon durable (source : Fortune.com.)

Calcul des Prix de Vente en Gros

Disons que les carillons éoliens comme le vôtre se vendent dans les magasins à 38 $. Cela signifie qu'ils ont payé 19 $ ou moins au vendeur. Les magasins étiquettent les articles deux à deux fois et demie plus cher pour arriver à leur prix de détail.

Votre seuil de rentabilité est de 17,50 $. Tant que votre prix de vente en gros pour les magasins ne tombe pas en dessous de 17,50 $, vous pouvez faire de l'argent en vendant en gros.

Mais que se passerait-il si votre seuil de rentabilité était plus élevé, disons 20 $. Dans un cas comme celui-là, il faut :

* Réduire les coûts de matériel ou de main-d'œuvre, et/ou
* Améliorer la valeur perçue des carillons éoliens afin que le propriétaire du magasin augmente la vente au détail, ou
* Réaliser d'autres articles qui sont rentables pour la vente en gros.

Quelle est Votre Marge Bénéficiaire ?

Un des facteurs les plus importants à comprendre dès le début de votre entreprise est votre marge bénéficiaire. Ce montant est la différence entre votre coût des marchandises et le prix que vous demandez.

Si votre coût des marchandises est de 17,50 $ et que votre prix de détail est de 35 $, votre bénéfice brut est de 17,50 $. Si vous vendez en ligne, ces 17,50 $ sont consommés par les frais de vente. Vous pourriez vous retrouver plutôt avec 13 $ ou 14 $.

Connaître les marges bénéficiaires vous permet de faire des choix de croissance en vous demandant :

* Si vous pouvez vous permettre d'embaucher de l'aide à la production, ce qui vous permettra de produire plus d'inventaire.

* Combien d'argent vous pouvez dépenser pour les annonces publicitaires.

* Si vous pouvez vendre en gros de façon rentable à des magasins avec lesquels vous pouvez faire évoluer votre entreprise en ajoutant de plus en plus de comptes.

* Si vous pouvez vous permettre d'offrir la livraison gratuite, ce qui augmentera vos ventes.

Une fois toutes les préparations réalisées, vous êtes prêt à organiser où, quand, et comment vous placerez vos articles faits main devant des acheteurs. Le chapitre suivant vous montre comment planifier et programmer vos étapes d'action marketing.

Chapitre 5

Comment Planifier Votre Marketing

Chacun a sa propre vision de la taille qu'il désire que son entreprise artisanale atteigne. Si vous voulez juste quelques ventes de plus chaque mois, sélectionnez au hasard des tactiques de ce livre et appliquez-les quand vous en avez envie.

Toutefois, si vous optez pour fonder une entreprise qui vous libère financièrement de la nécessité d'un emploi, vous avez besoin d'une approche plus organisée. Ce chapitre décrit une méthode éprouvée pour cartographier une croissance durable et prévisible.

Vos efforts de marketing seront plus rentables lorsque vous comprendrez et définirez qui sont vos clients les plus probables, parce que cela vous aidera à comprendre où trouver ces acheteurs potentiels.

Par exemple, si vous faites des produits faits main pour les enfants, vous voulez atteindre les mamans, les parents et les grands-parents. Il existe beaucoup de blogs qui discutent de thèmes relatifs à l'éducation des enfants.

Si vous fabriquez de l'artisanat biologique ou recyclé, recherchez des gens à l'esprit écologique sur les blogs et les sites environnementaux. Un représentant d'Etsy a déclaré dans une interview pour MarthaStewart.com que les recherches d'articles respectueux de l'environnement étaient en hausse de 43 %, et ce dans toutes les catégories.

Itinéraire Marketing Suggéré pour les Débutants

Si vous commencez tout juste à vendre en ligne, vous avez assez de choses à apprendre sans essayer d'assumer plusieurs sites de marketing. Que vous avez essayé Etsy dans le passé ou que vous soyez simplement en train d'y penser, la plateforme offre de nombreux avantages que vous découvrirez au Chapitre 7.

Considérez Etsy comme votre terrain d'entraînement. Tout ce qu'il vous faut pour comprendre le marketing en ligne de produits faits main, vous le découvrirez grâce à la mise en place et la croissance d'une boutique Etsy.

Une alternative serait de commencer par Pinterest, Facebook ou Instagram. Chacun d'entre eux vous permet de créer une boutique et de vendre à partir de vos publications.

Itinéraire Marketing Suggéré pour un Essor des Ventes

Intensifiez vos ventes en vendant simultanément sur plusieurs marchés. Mais ne cherchez pas à prendre de l'essor avant d'avoir d'abord réussi à générer des ventes régulières sur un marché unique. Sinon, vous risquez de vous sentir dépassé.

Après avoir fait des ventes en ligne sur un ou deux marchés, vous aurez accumulé les compétences qui vous permettront d'affronter plus de sites. Vous saurez quand l'heure sera venue, car ce sera le moment où vous aurez compris comment exécuter chaque petit détail, et votre temps sera principalement partagé entre faire l'inventaire et remplir les commandes. Ensuite, ce sera le moment d'appliquer les tactiques expliquées au Chapitre 16 sur la vente via des applications multicanales.

Exemples de b.a.-ba d'idées Marketing

Avant de pouvoir planifier vos communications marketing, vous avez besoin d'une liste de mesures à prendre. Commencez par les possibilités, présentées dans la section suivante, extraites des nombreuses options de ce livre. Toutes ces actions peuvent ne pas être appropriées pour vos produits spécifiques, mais entourez celles qui le sont, afin de les ajouter à votre calendrier ou planificateur quotidien. Vous inventerez vos propres idées au fur et à mesure de la croissance de votre entreprise. Ajoutez vos propres tactiques à la liste et à votre calendrier.

Les actions suggérées suivantes, regroupées par sujets, sont disponibles sous forme de liste de contrôle à laquelle vous pouvez ajouter vos propres idées. Cette liste est un résumé de référence. Les idées sont expliquées plus en détail tout au long de ce livre.

START-UP COMMERCIALES
Choisissez un nom d'entreprise accrocheur
Inscrivez-vous pour obtenir une licence d'entreprise
Faites ce qu'il faut pour accepter les cartes de crédit
Configurez un compte courant pour l'entreprise

PRÉ-MARKETING
Écrivez votre histoire d'artiste
Créez un logo
Rédigez un pitch d'ascenseur
Choisissez des polices et des couleurs qui correspondent à votre marque personnelle
Ajoutez vos coordonnées
Concevez et imprimez des cartes de visites
Concevez et imprimez des étiquettes pendantes
Concevez et imprimez des cartes de remerciement
Enregistrez un message vocal renvoyant vers votre site Web pour plus d'informations.
Marquez toute la papeterie, comme les reçus, les en-têtes, les courriels, les bulletins d'information, etc.

PHOTOS & VIDÉOS
Prenez beaucoup de jolies photos
Faites des images de produit sur fond blanc
Réalisez des images & des vidéos du processus de fabrication
Réalisez des images & des vidéos des possibles utilisations
Prenez des images selon différents styles de vie
Prenez des images pour le jury lorsque vous faites des expositions d'art et d'artisanat
Faites des portraits-photo de vous
Faites des vidéos des coulisses

TARIFICATION

Recherchez les prix moyens pour des créations similaires aux vôtres

Déterminez votre coût de production

Déterminez votre marge bénéficiaire

SEO - OPTIMISATION DES MOTEURS DE RECHERCHE

Utilisez EtsyRank ou MerchantWords pour trouver les mots-clés utilisés par les acheteurs

Utilisez des mots-clés dans les publications sociales

Utilisez des mots-clés dans les listings de produits

Obtenez des liens entrants

VENDRE SUR ETSY

Créez une nouvelle boutique Etsy, ou

Obtenez des évaluations pour votre boutique Etsy et ajustez-les en conséquence

Énumérez de nouveaux produits ou copiez des listings de produits à l'aide de titres uniques riches en mots-clés

Placez des mots-clés dans les titres, les tags, les descriptions

Ajoutez 10 images par listing

Connectez votre boutique Etsy à vos médias sociaux

Testez les annonces Etsy

Augmentez régulièrement le nombre de listings

Commercialisez votre magasin Etsy hors ligne

Offrez la livraison gratuite si cela est possible

ALTERNATIVES À ETSY

Mettez en vente sur Amazon Handmade

Mettez en vente sur d'autres alternatives Etsy

Configurez votre propre nom de domaine

Ajoutez le plugin WordPress gratuit pour Etsy Shops

ÉCRIRE UN BLOG

Mettez en place un blog traitant de votre niche

Optimisez les entrées de votre blog pour le SEO
Regroupez les publications sur les médias sociaux

MÉDIAS SOCIAUX
Postez au moins une fois par jour ou plus
Postez avec des vidéos pour l'engagement
Postez pour éduquer, divertir, inspirer
Publiez des liens vers vos produits
Programmez les publications à l'aide d'applications
Recherchez les hashtags populaires
Publiez sur Facebook
Publiez sur Instagram
Tweetez sur Twitter
Épinglez sur les tableaux Pinterest
Obtenez les e-mails des abonnés sociaux

VENDEZ EN GROS
Déterminez la capacité de production
Coûts = 25 % ou moins du prix de vente au détail
Créez une présentation professionnelle
Mettez en vente sur Faire, Tundra, Indieme, WholesaleInABox
Offrez la commande en ligne pour les magasins

TIRER PARTI DU PUBLIC DES INFLUENCEURS
Préparez un kit média en ligne
Identifiez les influenceurs avec Heepsy
Utilisez Twitter pour trouver des journalistes
L'USNPL répertorie les rédacteurs de journaux
Créez un bref pitch pour les médias

LISTE DE DIFFUSION DES CLIENTS
Configurez une application de gestion de messagerie comme
Aweber ou Mailchimp
Demandez aux clients de laisser une adresse e-mail
Programmez un calendrier de suivi

PUBLICITÉ PAYANTE

Définissez votre budget quotidien d'annonces publicitaires

Lancez des campagnes publicitaires sur Etsy, Amazon Handmade, etc.

Suivez et mesurez les bénéfices après les dépenses publicitaires

Augmentez les dépenses publicitaires lorsqu'elles sont justifiées

Ajustez les dépenses publicitaires ou éliminez les annonces peu performantes

DIVERS

Suivez et mesurez toutes les actions

Écoutez ce que les acheteurs vous disent

Répondez rapidement à toutes les demandes

Personnalisez les communications

Traitez les clients comme des rois

Fabriquez des objets que vous aimez faire

Agenda Quotidien / Calendrier Marketing

Après avoir identifié les étapes selon lesquelles vous souhaitez travailler, utilisez un calendrier pour les organiser et les planifier. Un agenda quotidien/calendrier marketing vous permet de ne pas vous perdre en cartographiant les actions dont vous allez vous charger au cours des prochaines semaines.

Votre calendrier vous permet d'éviter le marketing de masse coûteux, et vous aide plutôt à cibler les actions rentables que vous devriez suivre et mesurer.

Maintenant que vous avez un plan de marketing et un calendrier de mesures à prendre, l'une de vos priorités devrait être la recherche et le positionnement stratégique de mots et phrases utilisés en ligne par les acheteurs d'articles similaires au vôtre. Ce processus s'appelle référencement SEO (Search

Engine Optimization) ou Optimisation pour les Moteurs de Recherche décrit dans le chapitre suivant.

Chapitre 6

SEO, Comment Maîtriser le Trafic des Moteurs de Recherche

S EO — ou optimisation pour les moteurs de recherche — se réfère à l'utilisation de techniques pour améliorer la probabilité d'une page Web de s'afficher dans les résultats de recherche selon des termes de recherche ou des mots-clés spécifiques. Il n'y a pas beaucoup de façons de commercialiser gratuitement, mais parvenir à ce que votre listing de produit se présente sur Etsy, Amazon, ou Google lorsque les acheteurs tapent des termes de recherche est probablement ce qui se rapproche le plus de la gratuité.

Les facteurs qui jouent sur la façon dont les moteurs de recherche e-commerce comme Etsy et Amazon classent une page au-dessus d'une autre selon des recherches de mots-clés spécifiques changent et évoluent régulièrement. Mais il y a des éléments qui influent constamment sur les classements de recherche, et que vous découvrirez dans les sujets suivants :

* Trouver les termes de recherche que les acheteurs utilisent
* Liens entrants vers vos pages
* Où placer les mots-clés et tags

La recherche est puissante. Elle a entraîné le boom du commerce électronique à la fois sur ordinateurs et de plus en plus sur les appareils mobiles. 87 % des personnes utilisant un smartphone font une recherche en ligne au moins une fois par jour.

Les gens recherchent en ligne des solutions à leurs problèmes. Ils recherchent des opportunités. Ils recherchent du divertissement. Ils cherchent à apprendre. Et plus important pour vous, ils cherchent à acheter des produits faits main.

Trouver les Termes de Recherche que les Acheteurs Utilisent

Lorsque nous parlons de tags, mots-clés et termes de recherche, ils se réfèrent à la même chose. Ce sont les mots et les phrases que les gens tapent dans une barre de recherche pour trouver ce dont ils ont besoin en ligne.

Pour que vos pages de produits s'affichent dans les résultats de recherche, vous devez inclure les termes de recherche populaires et pertinents utilisés par les acheteurs. Si vous n'utilisez pas les termes de recherche populaires sur vos pages, vos articles ne seront pas trouvés lors d'une recherche.

Il existe plusieurs façons de déterminer quels sont les mots-clés que les acheteurs utilisent. La première façon est gratuite, mais chronophage. Allez sur Etsy, Amazon Handmade ou sur un autre marché en ligne. Commencez à taper des mots qui décrivent un produit comme le vôtre dans la barre de recherche. La plupart des sites compléteront automatiquement votre phrase après avoir tapé les quatre ou cinq premières lettres, ou afficheront une boîte déroulante avec des suggestions.

Bien que vous ne puissiez pas copier et coller ces suggestions, vous pouvez les taper dans une liste. Le déroulement des mots-clés suggérés provient de recherches précédentes réalisées par des acheteurs et qui ont abouti à une vente, donc ce sont les phrases exactes que vous devriez utiliser dans vos annonces.

Vous pouvez également obtenir ces phrases utilisées par les acheteurs et beaucoup plus rapidement en utilisant un outil de recherche de mots-clés. Voici les applications les plus populaires et utiles pour les vendeurs de produits faits main :

* EtsyRank.com (pour Etsy, plan gratuit limité, compte de base autour de 10 $ par mois)

* Marmalead.com (pour Etsy, environ 19 $ par mois)

* MerchantWords.com (pour Amazon, compte de base autour de 29 $ par mois)

* Ubersuggest.com (pour les recherches Google, compte de base autour de 10 $ par mois)

Si vous démarrez à peine votre entreprise et avez un budget limité, vous pouvez vous abonner pendant un mois, puis annuler. Au cours de ce mois, utilisez les outils autant que vous le pouvez pour accumuler une liste de mots-clés et d'autres données liées à vos produits. Lorsque vous êtes prêt à élargir votre gamme de produits, revenez à l'outil pour obtenir des idées basées sur les données des acheteurs.

Par exemple, voici des résultats de recherche effectuée à l'aide d'EtsyRank. Disons que vous faites et vendez des boucles d'oreilles à partir de matériaux surcyclés de récupération. Vous n'êtes pas sûr de la façon dont les acheteurs recherchent des articles comme le vôtre, donc vous commencez votre recherche de mots-clés avec « bijoux durables ». En tapant « bijoux durables » dans l'outil de mots-clés d'EtsyRank, nous voyons :

durable – 2 477 recherches sur Etsy
mode durable – 78   "
bijoux durables - 102   "
vêtements durables – 559   "

EtsyRank affiche des termes liés à « durable » qu'il est possible d'explorer. Essayons d'autres phrases et voyons ce qui apparaît :

surcyclé - 4 060
vêtements surcyclés - 1,021
boucles d'oreilles surcyclées - 618

recyclé – 588
boucles d'oreilles recyclées – 316
bijoux recyclés – 142
Matériaux recyclés – 160

écologique – 2 570
bijoux écologiques – 128
cadeau écologique – 104

Alors que « bijoux durables » a obtenu 102 recherches au cours d'un mois récent, d'autres termes de recherche connexes ont été plus populaires parmi les chercheurs. Cela nous indique que vous obtiendriez encore plus de visiteurs en utilisant les nouveaux mots-clés.

Une tactique pour faire usage de cela est de copier un listing existant sur Etsy, mais de modifier le titre et d'ajouter un tag qui commence par d'autres termes de recherche populaires. L'utilisation de cette tactique avec mes annonces a doublé mon trafic de visiteurs et les ventes. Vous pouvez en savoir plus sur les tactiques Etsy au Chapitre 7.

L'exploration de termes de recherche de produits est la meilleure manière pour commencer à optimiser vos listings de produits. Mais vous pouvez également découvrir des phrases de recherche plus génériques comme « cadeau pour elle », « cadeau pour fête des pères » ou « cadeau pour maman ».

Si vous fabriquez des articles liés à certaines célébrations ou à des périodes spéciales dans l'année, optimisez vos listings de produits avec des phrases saisonnières quelques mois avant ces dates afin qu'Etsy ou Amazon indexent vos pages.

Plus le terme de recherche est large et court, plus il lui est difficile de se classer. Les acheteurs utilisent de longues phrases (multi mots-clés) lorsqu'ils sont prêts à acheter.

Par exemple, « sac fourre-tout » est un terme de recherche populaire (plus de 90 000 recherches sur Google au cours d'un mois récent), mais pas nécessairement utilisé uniquement par les acheteurs.

En revanche, « sac fourre-tout noir » (8 100 recherches dans le même mois récent) est plus spécifique et probablement utilisé par ceux qui veulent acheter spécifiquement ce produit.

Remarque sur l'utilisation d'Ubersuggest ou d'autres outils basés sur les données de résultats de recherche Google : Les données des résultats de recherche Google sont compilées à partir de nombreux types de demandes, ne provenant pas toutes d'acheteurs. Ubersuggest est inclus ici comme un outil parce qu'il peut être utile lors de la création d'entrées de blog pour votre propre site Web ou de publications sur les médias sociaux que vous voulez classer haut dans les recherches Google.

Analyse de la Recherche Etsy

Si vous avez un magasin Etsy qui a fait des ventes sur plusieurs mois, Etsy fournit gratuitement une « Analyse de la recherche. » Ceci est inestimable pour les vendeurs Etsy avec un historique des ventes. Cet outil vous indique quelles recherches de mots-clés ont fait en sorte que vos pages de produits s'affichent dans la recherche et ont entraîné des ventes. Quand j'ai analysé le comportement de mes visiteurs au cours de l'année dernière, j'ai trouvé des phrases de recherche que je n'avais pas optimisées, mais qui avaient conduit à des ventes. Lorsque j'ai créé de nouveaux listings en utilisant ces expressions, les ventes ont augmenté. Pour consulter cet outil, rendez-vous sur votre Gestionnaire de boutique Etsy > Marketing > Analyse de la recherche.

Liens Entrants vers Vos Pages

L'utilisation de mots-clés populaires est une partie importante du SEO pour Etsy, Amazon et d'autres magasins en ligne. Mais il y a un autre élément qui peut affecter votre classement dans les résultats de recherche Google, Yahoo et Bing : les liens entrants pointant vers vos pages de listings de produits. Un exemple de lien entrant : un blogueur écrit un avis sur l'un de vos produits et inclut un lien vers votre magasin Etsy.

Les liens entrants ajoutent de l'autorité à votre classement de page parce qu'ils sont comme des votes entrants pour dire au moteur de recherche que votre page est pertinente pour le texte dans le lien.

Si vous vouliez vous classer plus haut dans les recherches Google pour des « boucles d'oreilles vintage recyclées » , vous demanderiez à certains sites de se lier à vous avec un lien mentionnant « boucles d'oreilles vintage recyclées ». Le lien hypertexte réel qui mène à votre page devient visible lorsqu'un visiteur passe la souris sur le texte du lien.

Mais vous devez faire attention à ne pas aller trop loin et obtenir trop de liens entrants disant la même chose. Google voit cela comme du spam. La meilleure pratique SEO est de viser une variété de textes de liens entrants, car cela semble plus naturel pour Google. Certains textes de lien entrants peuvent être votre URL. D'autres pourraient être l'expression avec laquelle vous voulez vous classer haut. Et d'autres encore pourraient être des phrases sémantiquement liées ou le nom de votre entreprise.

Moins il y a de concurrents pour une phrase particulière, plus il vous sera facile d'obtenir une position de premier plan dans les résultats de recherche. Cependant, inclure des mots et des phrases liées à votre sujet dans votre contenu peut aider vos pages, même si ces phrases sont très compétitives et peut-être plus génériques que vos tags.

Même si vos mots-clés principaux devraient être des expressions utilisées par les acheteurs, il y a un avantage global en matière de SEO à inclure un mélange de termes de recherche à la fois larges et spécifiques dans votre description de produit.

Où Placer les Mots-clés et Tags

Voici les domaines où vous pouvez utiliser des tags dans vos listings de produits à des fins de SEO :

* **Titre** : Les 30 premiers caractères (premiers mots) de votre titre sont les plus importants pour le SEO, donc mettez les mots-clés les plus populaires utilisés par les acheteurs au début.

* **Description** : Créez une description de produit qui promet des avantages à l'acheteur. Insérez des mots-clés et des tags populaires un peu partout.

* **Attributs** : Les attributs sont des tags supplémentaires comme les couleurs et les matériaux. Les gens recherchent des écharpes « rouges » ou des vêtements en « coton ».

* **Page « À propos »** : Votre histoire d'en tant qu'artiste est

une zone souvent négligée pour inclure vos mots-clés. Tissez-les dans votre récit personnel.

* **Annonce boutique** : Encore une autre zone où vous pouvez inclure des termes de recherche populaires.

* **Tags** : Utilisez tous les tags permis. Ils devraient différer les uns des autres. De façon optimale, les tags doivent correspondre au plus grand nombre possible de mots dans le titre de votre produit.

* **Catégories** : Les catégories agissent comme des tags, alors choisissez des catégories pertinentes à votre gamme de produits. Mais si vous vendez des écharpes dans la catégorie « Écharpes » ne gaspillez pas un de vos tags avec le mot « écharpes ».

* **Politiques et termes de la boutique** : Incluez vos termes de recherche populaires dans le contenu de vos politiques. Bien que cette zone ne soit pas importante pour les résultats de recherche Etsy, le contenu de ces pages est lu par Google et peut apparaître dans leurs résultats de recherche.

Engagement

Un autre facteur qui influence le classement SEO de votre site web est la quantité et la fréquence d'engagement que vos pages reçoivent de personnes réelles. Par exemple, vous publiez une vidéo sur votre page Facebook avec un lien vers votre site Web ou votre boutique Etsy. Vos abonnés cliquent sur votre lien et consultent vos pages produits. Cet engagement, y compris le temps qu'un visiteur passe sur vos pages, est suivi et mesuré par Google, et devient alors une partie de l'algorithme qui détermine comment Google classe vos pages pour les termes de recherche.

SEO Saisonnier

Avec des connaissances de base du SEO, vous pouvez profiter des recherches saisonnières. Par exemple, les acheteurs recherchent des « cadeaux de Noël pour les hommes » ou des « cadeaux pour petite amie pour Saint-Valentin » dans les semaines et les mois précédant ces périodes d'achats.

Modifiez les tags de vos listings de produits tout au long de l'année pour positionner vos produits pour ces occasions spéciales. Commencez à utiliser des tags saisonniers au moins deux mois à l'avance pour donner aux moteurs de recherche comme Google le temps d'indexer vos listings.

Mettons vos nouvelles connaissances SEO au travail. Les chapitres suivants plongent plus profondément dans les marchés en ligne les plus populaires pour les produits faits main. Bien que le SEO soit important, c'est l'un des nombreux éléments qui permettent une présence réussie dans le commerce électronique. Etsy est le premier endroit pour commencer, car ce n'est pas cher d'y vendre, il y a un vaste public, et c'est facile d'y débuter.

Chapitre 7

Vendre sur Etsy

L e point de départ le plus facile pour vendre des produits faits main en ligne est l'ouverture ou l'amélioration d'une boutique Etsy. Leur clientèle de base est enthousiaste pour tout ce qui est fait main.

Si vous suivez les conseils de ce guide, vous serez en avance sur le peloton. Statistiquement, la plupart des vendeurs en devenir n'ont pas de bons résultats avec leur magasin Etsy. Ils y lâchent quelques listings sans faire attention à toutes les charnières qui rendent un magasin rentable et s'attendent à ce que les acheteurs affluent. Vous verrez leurs plaintes dans les médias sociaux : « Etsy ne fonctionne pas ! »

Etsy fonctionne, mais seulement quand vous y travaillez, et vous aurez besoin de patience pour voir les résultats.

Pensez à l'optimisation d'un magasin Etsy comme un camp d'entraînement de commerce électronique. Lorsque vous avez des ventes provenant de votre boutique Etsy, il est beaucoup plus facile d'obtenir des résultats sur d'autres plateformes comme Amazon Handmade, Facebook Shops, et d'avoir votre propre site Web.

Bien qu'Etsy ait énormément à offrir, il contient des avantages et des inconvénients :

Avantages

* Immense marché de clients fidèles. Plus de 46 millions d'utilisateurs (2019) avec un chiffre d'affaires annuel brut de près de 5 milliards de dollars et qui continue de croître. Plus de 80 % des achats d'Etsy proviennent d'acheteurs réguliers.

* Plus de 95 % des vendeurs Etsy travaillent de chez eux.

* Démarrage facile pour les nouveaux vendeurs en ce qui concerne la mise en place d'une boutique et l'ajout de listings de produits. Etsy fournit un Manuel du vendeur sur https://

www.etsy.com/seller-handbook pour une bonne mise en marche en utilisant les meilleures pratiques des vendeurs à succès. YouTube est une autre source d'aide comprenant des centaines de tutoriels gratuits en vidéo sur tous les aspects de la création d'une boutique Etsy.

* Par rapport à Amazon Handmade, les frais pour les vendeurs Etsy sont inférieurs et se situent à 5 % par vente alors que les frais d'Amazon sont de 15 %.

* Beaucoup de façons d'optimiser les listings pour le SEO.

* De nombreux vendeurs Etsy achètent également auprès d'autres vendeurs pour soutenir le mode de vie fait main.

Inconvénients

* Beaucoup de concurrence, bien que les conseils de ce chapitre puissent permettre de la surmonter en aidant vos annonces à se démarquer.

* Etsy demande du travail et de la patience avant de constater des résultats.

* Plus vous vendez, plus les frais mangent vos profits. Chaque nouveau listing ou listing renouvelé vous coûte 0,20 $.

* Etsy donne l'avantage SEO aux vendeurs qui offrent la livraison gratuite. Si vos marges bénéficiaires ne sont pas suffisamment importantes pour assurer la livraison gratuite, vos listings peuvent s'afficher plus bas dans la recherche.

* Presque aucun contrôle sur les annonces Etsy, si ce n'est un budget quotidien et le choix de vos listings qui seront promus.

* Si vous n'optimisez pas (SEO) vos listings, vous avez peu de chances d'obtenir des visiteurs.

* Le prix peut devenir un problème parmi les vendeurs de produits similaires. Vous ne voulez pas faire la course vers le bas.

* Vous ne pouvez pas recueillir et ne possédez pas les coordonnées de vos clients, bien qu'il existe des moyens de contourner ce problème.

* Les discussions négatives en ligne de pleurnichards et de personnes qui se plaignent peuvent vous infecter avec des préjugés négatifs. Etsy est une entreprise ; adaptez-vous ou oubliez.

Les meilleures pratiques décrites dans ce chapitre vous aideront à créer une boutique Etsy à succès. Ici, vous allez apprendre ce qui suit :

* Étapes de création
* Photos et vidéos
* SEO Etsy
* Descriptions de vos produits
* Partage sur les médias sociaux
* Comment traiter les clients
* Listings sponsorisés
* Commercialisez votre boutique Etsy hors ligne
* Si les ventes sont médiocres
* Obtenez des évaluations et de la publicité

Étapes de Création

* Commencez par choisir un nom pour votre boutique. Pour créer l'image de marque en ligne, utilisez le même nom sur tous vos profils sociaux. Le nom de votre boutique apparaît dans l'URL de votre boutique Etsy.

* Décidez de ce que vous allez vendre et élaborez une liste de vos produits. Pour obtenir des idées, consultez les outils de recherche par mots-clés présentés au chapitre précédent pour découvrir les produits en forte demande.

* Lisez et suivez toutes les directives et politiques lors de la mise en place de votre boutique.

* Ajoutez votre histoire en tant qu'artiste à votre biographie de vendeur. Les acheteurs veulent en savoir plus sur votre parcours créatif dans l'artisanat.

* Votre « Annonce de la boutique » vous offre un espace pour ajouter des détails intéressants sur vos produits et votre processus de création. C'est également un domaine souvent négligé pour y placer des expressions de mots-clés populaires utilisées par les acheteurs Etsy.

* Concevez et téléchargez une icône de boutique, une image de profil de vous-même et une bannière de boutique (facultative).

* Rédigez un message de bienvenue. Si cela sonne naturel, utilisez des termes de recherche populaires. Ils ne vous aideront pas avec les classements de recherche Etsy, mais vous aideront à être trouvé par Google.

* Créez vos politiques de Paiement, d'Expédition, de Remboursement, de Vente et d'Informations supplémentaires. Ne les oubliez pas, car la recherche Etsy favorise les boutiques qui ont rempli ces politiques.

* Les listings de produits ou fiches-produits sont des pages qui affichent des informations sur votre produit aux visiteurs. Les listings incluent des images, un titre, une description du produit, des tags, le prix, l'expédition, la quantité et les matériaux.

* Lors de la création d'un listing de produits, remplissez chaque section. Chacune des zones de la page de listing offre une autre opportunité d'apparaître dans les recherches.

* Si vous avez des avis clients, incluez-les dans la description du listing de votre produit. Même si les visiteurs peuvent accéder à vos avis ailleurs, le fait d'en répéter un ou plusieurs, parmi les meilleurs, dans la description ajoute une preuve sociale que votre produit vaut la peine d'être acheté.

Photos et vidéos

Les images jouent un rôle majeur lorsque les acheteurs en ligne parcourent vos annonces. 90 % des acheteurs rapportent que d'excellentes photos ont joué un rôle dans leur décision d'achat. Prenez des photos d'un objet sous différents angles. Incluez des images de personnes utilisant votre article et des images du produit sur fond blanc uni. Voir le Chapitre 3 pour plus d'informations sur les photos.

En 2020, Etsy a autorisé les vendeurs à télécharger des vidéos pour chaque listing de produits. Selon Unbounce.com, l'ajout de vidéo à vos pages peut augmenter votre taux de conversion jusqu'à 80 %.

SEO Etsy

Dans le chapitre précédent, vous avez étudié les bases du SEO. Vous avez appris à utiliser des outils de données de mots-clés comme EtsyRank.com pour découvrir les termes de recherche par mots-clés utilisés par les acheteurs souhaitant acheter des produits artisanaux.

Ici, nous examinons spécifiquement les conseils en SEO pour aider vos listings de boutique Etsy à apparaître plus souvent dans les recherches. Ces tactiques aident également vos pages Etsy à se hisser dans les résultats de recherche Google.

* Le moteur de recherche d'Etsy lit les titres, les tags, les catégories et les attributs de vos produits pour trouver des termes de recherche correspondant à ce que les acheteurs veulent trouver. Par conséquent, ces zones sont essentielles pour placer ou associer des termes de recherche populaires. Par exemple, si vous vendiez des écharpes pour hommes, l'expression « écharpe pour homme » devrait apparaître dans votre titre, un de vos tags, et dans votre description. Lors de la création d'un listing d'écharpe pour homme, vous devriez choisir la grande catégorie « Écharpes ».

* Notez que dans l'exemple ci-dessus, j'ai effectué de légères modifications par rapport à mon élément d'origine ; remplacer « écharpes pour hommes » par « écharpe pour homme ». C'est parce qu'EtsyRank a révélé que le terme de recherche populaire est orthographié « écharpe pour homme ».

* Dans la partie inférieure d'une page de listing de produit, vous avez l'option de créer des sections dans votre boutique. En utilisant l'exemple ci-dessus, vous créeriez une section appelée « écharpe pour homme » et l'assigneriez toutes les fois que vous mettez en vente une nouvelle écharpe pour homme.

* Comme mentionné précédemment, le domaine le plus important du titre d'un listing de produit se situe dans les 30 premiers caractères. Placez vos expressions les plus populaires au début du titre du listing de votre produit. Si l'on continue avec notre exemple, le listing d'un nouvel article pour une écharpe

noire tricotée pour homme pourrait être intitulé : « Écharpe pour Homme, Écharpe Noire pour Homme, Écharpe Tricotée pour Homme, Cadeau pour Homme ».

* Etsy permet treize tags de mots-clés pour chaque listing. Utilisez-les tous. Dans la mesure du possible, le titre de votre annonce doit correspondre à vos tags. Les tags pour l'écharpe noire pour homme devraient inclure « écharpe pour homme », « écharpe noire pour homme », « écharpe tricotée pour homme » « cadeau pour homme » et d'autres termes de recherche qui sont en relation. Remarquez que les tags correspondent aux mots dans le titre.

* Incluez les synonymes et les termes de recherche sémantiquement liés dans les titres, tags, et descriptions de vos listings de produit. Pour notre exemple, nous pourrions également inclure les tags : « écharpe hiver » « écharpe unisexe » et « écharpe hommes » puisqu'ils apparaissent sur le rapport de mots-clés d'EtsyRank en tant que termes de recherche populaires. Termes de recherche associés : « accessoires pour hommes » « vêtements pour hommes » « foulard ».

* Des termes de recherche populaires utilisés dans vos titres, tags, et descriptions de listings peuvent également servir dans d'autres espaces de votre boutique tels que votre histoire, politiques de boutique, et annonces.

* Les boutiques contenant seulement quelques articles dans une catégorie se classent plus bas dans la recherche en comparaison avec les magasins possédant de nombreux listings dans la même catégorie.

* Ajoutez de nouveaux listings d'articles à votre boutique Etsy régulièrement, mais pas tout d'un coup. Visez un minimum de cinquante à cent listings. Chaque listing est une nouvelle occasion d'apparaître dans les recherches Etsy, particulièrement si vous employez des mots-clés et des tags uniques dans chaque listing. Etsy donne au nouveaux listings une légère poussée temporaire dans les résultats de recherche pour les aider à démarrer.

* Comme décrit plus tôt, vous pouvez copier un listing existant sur Etsy et changer le titre et les tags. Par exemple, pour un listing

d'écharpe noire tricotée pour homme, vous pourriez choisir un titre de listing qui commence par « Écharpe pour Homme » un listing différent avec un titre commençant par « Écharpe Noire pour Homme » et un autre listing avec un titre commençant par « Écharpe Tricotée pour Homme ». À présent, vous avez triplé vos chances d'apparaître dans des résultats de recherche. Vous avez trois listings, chacun optimisé pour une phrase de mots-clés différente. Remarque : si vous créez trois listings pour fondamentalement le même article, ayez trois écharpes noires disponibles ou faites en sorte de pouvoir les produire rapidement si vous obtenez des commandes pour chacun de ces listings en une même journée.

    * Comme mentionné auparavant, les vendeurs sur Etsy avec un historique de ventes peuvent tirer profit de l'« analyse de la recherche » d'Etsy pour voir quels termes de recherche les acheteurs ont utilisés pour trouver le produit. Vous y avez accès en suivant Gestionnaire de la boutique > Marketing > Analyse de la recherche. Ce n'est pas si utile pour les nouveaux vendeurs parce qu'il n'y a pas beaucoup de trafic ou de ventes à analyser. Mais si vous êtes sur Etsy depuis quelque temps et avez réalisé des ventes, l'outil d'analyse de la recherche vous indiquera quels mots de recherche les clients ont utilisés pour trouver vos articles et se sont convertis en ventes.

Descriptions de Produits

Dans vos descriptions de produit, dites au client comment votre article transformera sa vie. Les fonctionnalités doivent être là, mais les transformations vendent. Comment votre produit leur facilitera-t-il la vie ?

Vérifiez qu'il n'y a pas de fautes d'orthographe dans vos listings avant de les mettre en ligne. Lorsque les acheteurs voient des mots mal orthographiés ou des erreurs grammaticales, ils peuvent s'imaginer que votre article est aussi négligé que votre texte.

Ajoutez un profil d'expédition ou sélectionnez un profil d'expédition que vous souhaitez mettre à jour. Remplissez le profil d'expédition.

Sélectionnez le temps de traitement de commande (combien de temps il faudra pour expédier votre commande). Plus le délai de traitement est court, plus vous convertirez les visiteurs en clients.

Consultez l'Appendice 1 pour en savoir plus sur la création de descriptions de produits qui se vendent.

Partage sur les Médias Sociaux

Une fois que vous avez posté vos listings, partagez-les sur les médias sociaux. Etsy vous permet de partager facilement vos listings de produits, vos commentaires cinq étoiles, vos articles qui ont récemment été préférés et vos ventes spéciales sur vos profils sociaux que ce soient Pinterest, Facebook, Instagram ou Twitter.

Pour utiliser cette fonctionnalité, allez dans votre Gestionnaire de boutique > Marketing > Social Media, puis recherchez l'onglet en haut qui indique : « Comptes sociaux ». De là, connectez vos autres profils sociaux. Une fois que vous avez connecté vos profils sociaux à Etsy, vous êtes prêt à publier. Recherchez et cliquez sur le bouton « +Créer Publication ». Puis Etsy vous guide à travers la création et le partage d'une publication sur tous vos sites. L'outil d'Etsy est gratuit.

Si les publications vous prennent souvent trop de temps, planifiez votre partage sur les médias sociaux avec des outils (abonnements) comme Buffer.com, Hootsuite.com ou Tailwindapp.com.

Comment Traiter les Clients

* Etsy a une messagerie instantanée qui vous permet de répondre rapidement aux demandes des clients.

* Quand quelqu'un vous envoie un message sur Etsy, répondez à cette personne dès que possible. Votre réponse rapide renforce le rapport avec la clientèle.

* Etsy vous informe lorsqu'un client laisse un avis, ajoute un de vos articles à sa liste de favoris ou laisse un commentaire concernant la boutique. Quand je reçois une notification d'avis, j'envoie immédiatement un message à la personne pour la remercier d'avoir pris le temps de laisser un avis, car cela aide vraiment les petites entreprises comme la mienne.

* Vous pouvez établir des relations avec les clients en vous engageant par messagerie. Si je vois que l'adresse d'un acheteur ou d'un client se trouve dans une ville que je connais, je mentionne un restaurant ou un événement annuel que j'ai aimé et leur demande s'ils le connaissent. Ces petits dialogues ont contribué à des transactions ultérieures qui ne se seraient pas produites sans les interactions personnelles.

* Une autre façon d'automatiser l'établissement de relations avec les clients est d'offrir un coupon de réduction pour le prochain achat. Il est possible d'ajuster des réglages pour en envoyer un à chaque client au moment du paiement. Allez sur Gestionnaire de boutique > Marketing > Réductions et codes promo.

* Si vous recevez des plaintes, offrez de remplacer l'article défectueux ou de rembourser. Mettez les clients aux commandes. Ne leur faites pas sentir qu'ils ont tort.

* Il suffit de résoudre les problèmes, même si cela vous coûte plus cher. Vous connaissez l'adage, « le client a toujours raison ». Cela n'a jamais été aussi vrai qu'avec les ventes en ligne.

* Si vous recevez un avis négatif, contactez le client et prenez en charge tous les problèmes. Une fois que vous aurez arrangé les choses, demandez à l'acheteur mécontent de modifier son évaluation négative. Offrez un remboursement ou un code promo substantiel si cela signifie d'obtenir de meilleurs commentaires.

* Imprimez et incluez un bordereau d'emballage qu'Etsy crée pour chaque commande afin que les clients sachent d'où vient le produit. J'y écris à la main un grand « Merci » avec le nom de la personne en haut.

* Faites savoir aux acheteurs quand ils peuvent s'attendre à ce que leur commande soit expédiée et faites-le dès que vous le pouvez. Cliquez sur Gestionnaire de boutique > paramètres > paramètres de livraison.

Si les Ventes sont Médiocres

* Si votre boutique Etsy est en place depuis un certain temps, mais fonctionne mal, embauchez des vendeurs Etsy à succès pour la critiquer. Les commentaires de boutique coûtent entre 20 $ et 100 $ ou plus. Fiverr.com offre des critiques de boutique Etsy moins chères que celles offertes sur Etsy. Mais ne travaillez qu'avec les fournisseurs Fiverr qui ont des commentaires cinq étoiles. J'ai acheté des commentaires de boutique Etsy de trois fournisseurs différents sur Fiverr, parce que je voulais une variété de perspectives pour ma boutique. On pourrait penser que tous offriraient les mêmes suggestions. Même s'ils étaient d'accord sur certains points, chacun des critiques a donné des idées uniques qui ont aidé mes ventes une fois que je les ai mises en pratique.

* Passez en revue les descriptions de listings de vos produits. Consultez l'Appendice 1.

* Parcourez les forums communautaires et les équipes (groupes) sur Etsy pour apprendre et partager des expériences avec d'autres artistes artisanaux sur la mise en place, le marketing et la gestion d'un magasin Etsy.

* Essayez de mettre plus d'articles en ligne. L'augmentation du nombre de listings de vos produits peut stimuler vos ventes. Vous posséderez plus de pages grâce auxquelles les acheteurs peuvent vous trouver. Et la recherche Etsy semble favoriser les boutiques qui ont plus d'articles que d'autres vendeurs dans la même catégorie.

* Offrez des codes promo pour les principales périodes d'achat. Etsy vous fournit un calendrier des périodes de pointe de consommation avec des conseils pour y associer des offres spéciales. Allez sur Gestionnaire de boutique > Marketing > dates d'achats clés.

* Augmentez les ventes en offrant la livraison gratuite, si votre marge bénéficiaire le permet. Etsy a créé une option de vente appelée *Garantie Livraison Gratuite* pour les commandes de plus de 35 $. Les vendeurs qui optent pour le programme obtiennent la priorité dans les résultats de recherche par rapport aux vendeurs qui n'offrent pas la livraison gratuite. Vous pouvez également entrer dans votre Gestionnaire de boutique > Marketing > Réductions et codes promo. En utilisant le coupon de livraison gratuite d'Etsy (choisissez « pas de date de fin »), Etsy affiche un badge d'expédition gratuite sur les pages des produits de votre boutique. Si vous configurez la livraison gratuite comme option d'expédition, vous n'obtiendrez pas le badge Etsy. Le badge Etsy aide vos listings à mieux s'afficher dans les résultats de recherche. Même si vous devez augmenter vos prix pour couvrir l'expédition, cela augmentera les visites et vos ventes.

* Les blogs dédiés au shopping et les influenceurs sur les médias sociaux cherchent de nouveaux produits pour en faire la critique. Mais la concurrence pour obtenir des commentaires peut être rude. Les magazines, les journaux et les rédacteurs indépendants présentent également des produits faits main qui, selon eux, intéresseront leurs lecteurs. Lisez le Chapitre 17 pour savoir comment obtenir de la publicité via les influenceurs.

* L'un des avantages de travailler avec Etsy est l'engagement de l'entreprise pour que les vendeurs aient du succès. En plus de commercialiser la plateforme Etsy auprès des consommateurs, Etsy propose une gamme d'applications qui s'intègrent à d'autres plateformes. Voir https://etsyapps.com/

* Lorsque vous obtenez des ventes avec vos listings Etsy, envisagez de renforcer votre activité avec Etsy Ads, comme décrit au Chapitre 18.

Etsy est idéal pour apprendre à mettre en place et à promouvoir un site de commerce électronique pour vos créations de mode faites main. Après avoir fait des ventes sur Etsy, envisagez de vous étendre sur la plateforme géante de commerce électronique, Amazon Handmade.

Chapitre 8

Vendre sur Amazon Handmade

Comme conséquence du succès d'Etsy, Amazon Handmade a été fondé en 2015. Les avis des fabricants-vendeurs ont été mitigés. Ceux qui ont bien réussi rapportent avoir réalisé de meilleures ventes que sur Etsy. D'autres disent qu'Etsy est un meilleur marché selon eux. Vous ne pouvez pas savoir quels seront les résultats de vos produits avant de les essayer sur Amazon. Une chose est certaine, Amazon a un marché énorme d'acheteurs.

En tant que vendeur sur Amazon Handmade, vous obtenez :

* L'accès au plus grand marché en ligne d'acheteurs au monde.

* Les utilisateurs font confiance au paiement par Amazon.

* Le tableau de bord de Seller Central d'Amazon. Vous pouvez y charger les rapports de ventes qui montrent les impressions, les clics reçus et les ventes.

* Un puissant gestionnaire de campagne publicitaire

* Les apps avancées pour vendeur révèlent les termes de recherche exacts employés par des acheteurs de produits comme le vôtre sur Amazon.

* La possibilité d'ajuster les listings de produit pour de meilleures performances de SEO.

Cependant, vous avez également :

* Beaucoup de concurrence, même dans la catégorie du fait main.

* La mise en route est plus complexe en comparaison avec Etsy

* Amazon Handmade demande du travail et de la patience avant de voir les résultats.

* Amazon prend 15 % sur chaque vente par opposition au 5 % de commission sur Etsy.

Mise en Route pour Vendre sur Amazon

Avant de demander à vendre sur Amazon Handmade, assurez-vous d'abord que votre produit appartient à l'une de leurs catégories approuvées.

Faire une demande et s'établir en tant que vendeur sur Amazon Handmade n'est pas aussi simple et rapide que sur d'autres marchés en ligne pour les produits faits main. Amazon exige une preuve d'identité de la part des vendeurs.

À la différence d'Etsy, vous ne pouvez pas simplement ouvrir une boutique et commencer à télécharger des listings de produits. Quelques postulants ont rapporté avoir attendu l'approbation plusieurs semaines, voire plus. Le lien d'application est : https://services.amazon.com/handmade/handmade.html.

Si vous êtes accepté, vous devez souscrire à un Compte Professionnel Amazon pour vendeurs. La charge mensuelle de 40 $ est actuellement dispensée pour les vendeurs de produits faits main, mais cela pourrait avoir changé lorsque vous lirez ce livre.

Amazon Handmade met à votre disposition un profil d'artisan, où vous pouvez publier votre histoire d'artiste et télécharger des images de vous. C'est l'endroit pour décrire comment vous êtes devenu fabricant, votre processus de création, des faits intéressants sur ce que vous faites, et plus encore.

La gestion des listings de produits, un par un, est simple, mais laborieuse. Faites un copier-coller du contenu que vous avez employé dans vos listings d'Etsy, section par section, mais cela est chronophage.

Pour des exemples de listings de produits sur Amazon Handmade qui réussissent de bonnes ventes, passez en revue les best-sellers sur Amazon Handmade. Amazon vous montre les meilleurs vendeurs et vous pouvez explorer les catégories pour trouver des produits comme le vôtre. Cliquez pour voir les listings de produits qui se vendent le plus.

Écrivez vos descriptions de listing de produit pour qu'ils soient agréables à lire, tout en incluant des termes de recherches populaires. Voir Appendice 1.

À la différence d'Etsy, vous ne pouvez pas créer de sections dans votre boutique d'Amazon Handmade. Vos listings de produit apparaissent dans l'ordre où vous les avez publiés.

Amazon Handmade permet la personnalisation de produits si c'est une option que vous proposez. En préparant un produit, vous pouvez ajouter des caractéristiques supplémentaires sur mesure pour que les clients les remplissent.

Consultez également le Guide de Ressources pour les Vendeurs d'Amazon Handmade sur

http://go.amazonsellerservices.com/resourceguide

Offrir la Livraison Gratuite par FBA

Les membres d'Amazon Prime bénéficient de la livraison gratuite et achètent plus souvent que les non-membres. J'ai testé la mise en ligne de produits dont je me suis occupé moi-même de la livraison, et j'ai aussi essayé la prise en charge par FBA (Expédié par Amazon) et les ventes ont été bien meilleures avec FBA.

Le FBA ne fonctionnera que si votre marge bénéficiaire couvre vos coûts supplémentaires. Grâce au FBA, vous expédiez (à vos frais) vos produits vers les entrepôts d'Amazon. Ceux-ci exécutent les commandes de leurs plus de quatre-vingt-dix millions d'acheteurs membres d'Amazon Prime. Le FBA vous facture des frais d'expédition supplémentaires pour chaque vente.

Si vous n'êtes pas sûr que votre marge bénéficiaire soit suffisante pour travailler avec le processus FBA d'expédition par Amazon, utilisez le calculateur de bénéfices gratuit sur : https://salecalc.com/amazon.

Étant donné que 85 % des acheteurs sur Amazon déclarent hésiter à effectuer un achat en raison des frais de livraison, offrir la livraison gratuite vous distingue de la plupart des vendeurs de produits artisanaux.

SEO Amazon

Le référencement SEO est le principal facteur permettant d'obtenir des vues sur l'énorme marché d'acheteurs d'Amazon. Si vous n'utilisez pas les mots-clés utilisés par les acheteurs, vos listings ne sortiront pas dans les résultats de recherche.

Pour voir comment fonctionne la recherche sur Amazon, allez dans la catégorie Amazon Handmade et commencez à taper les mots qui décrivent votre produit. Amazon commencera à remplir automatiquement votre recherche avec des mots-clés suggérés. Ces suggestions d'expressions proviennent de recherches d'acheteurs qui ont abouti à des ventes.

https://www.MerchantWords.com vous aide à découvrir rapidement plus de termes de recherche d'acheteurs que vous ne pouvez trouver par vous-même. À partir de votre propre liste de mots et d'expressions, MerchantWords fournit une liste de mots-clés auxquels vous n'avez peut-être pas pensé. Vous verrez également à quel point la concurrence est forte pour vos produits. Le service coûte 29 dollars par mois, mais si vous n'avez que quelques articles à rechercher, vous pouvez vous abonner pour un mois, puis annuler.

* Placez les mots-clés les plus populaires au début de votre titre et de vos descriptions de produits.

* Amazon permet d'ajouter des mots-clés supplémentaires — semblables aux tags Etsy — dans chaque listing.

* Mélangez des mots-clés populaires dans un texte lisible et intéressant pour les personnes qui recherchent des produits comme les vôtres.

Faites du service clientèle votre priorité absolue. Les acheteurs d'Amazon consultent les avis avant de faire des achats. Vérifiez la qualité de votre produit et de son emballage avant de l'expédier. Soyez prêt à rembourser un client mécontent.

Vos marges bénéficiaires seront plus faibles sur Amazon que sur la plupart des autres places de marché en ligne en raison de leur commission de vente plus élevée. Si vous pouvez vous permettre de réduire vos marges, vendre plus de produits peut en valoir la peine.

Une fois que vous aurez constaté que vos listings de produits sur Amazon convertissent des clients en acheteurs, Amazon offre un gestionnaire de publicité solide pour augmenter vos ventes. Pour en savoir plus sur les publicités Amazon, consultez le Chapitre 18.

Le chapitre suivant explique comment vendre des articles faits main sur eBay. Vous serez peut-être surpris d'apprendre que de nombreux vendeurs d'articles faits main utilisent eBay pour développer leurs ventes.

Chapitre 9

Vendre sur eBay

S avez-vous sur quelle plateforme les créateurs vendaient leurs articles en ligne avant la création d'Etsy en 2005 ? C'était eBay. Bien que l'on pense plus souvent à eBay pour l'achat et la vente de bonnes affaires, les fabricants et les artisans vendent leur travail sur cette plateforme tous les jours.

Par exemple, sur une période de 30 jours (données de juin 2020), les quantités suivantes d'articles faits main se sont vendues avec succès sur eBay et contenaient les termes de recherche :

* savon artisanal : 3 447
* bijoux faits main : 8 066
* couteau fait main : 39,134
* couettes faites main : 5 732
* boîte en bois faite main : 827

Une recherche pour l'expression « fait main » avec les filtres « Nouveau », « Vendu » et « USA uniquement » a généré 821 180 listings de produits.

Pour étudier le marché des articles comme le vôtre. Allez sur eBay.com. Dans la barre de recherche, tapez le mot-clé le plus populaire pour votre article, obtenu à partir de la recherche que vous avez effectuée au Chapitre 6. Ensuite, allez dans la barre de menu de gauche sur la page des résultats de recherche. Cochez les cases « Nouveau », « Articles Vendus » et les autres filtres de votre choix. Vous souhaitez peut-être afficher uniquement les articles provenant de vendeurs américains. Dans ce cas, cochez la case « USA uniquement ». Vous pouvez également filtrer les résultats de manière à n'inclure que les annonces « Acheter Maintenant » et non les « Enchères ». Ebay vous montrera les nouveaux articles comme le vôtre qui ont été vendus à partir d'annonces « Acheter Maintenant » par des vendeurs américains au cours d'un mois récent.

Après avoir obtenu une page de résultats de recherche pour des articles comme le vôtre, parcourez les listings. Notez les prix, les images, les titres des listings et les descriptions. Vous n'avez pas besoin de réinventer la roue, vous pouvez créer votre propre version de listings gagnants. Vous ne devez pas copier d'autres listings, car cela constitue une violation des droits d'auteur et eBay rejettera les annonces en double.

Un autre avantage de ce type de recherche est qu'il révèle ce que les acheteurs sont prêts à payer pour des articles comme le vôtre. Comment ces prix se comparent aux vôtres ? Réaliseriez-vous un bénéfice en vendant vos produits sur eBay au prix de vente moyen d'articles comme les vôtres ?

Conseils en Or pour les Vendeurs

Les vendeurs à succès sur eBay partagent des pratiques communes, notamment :

* Regardez les listings d'articles « vendus » pour vous en servir de modèles pour la tarification, les images et la rédaction des descriptions. Suivez les instructions ci-dessus pour rechercher des articles « vendus » comme le vôtre.

* Utilisez le SEO lorsque vous rédigez vos titres et vos descriptions. Consultez le Chapitre 6 pour rechercher les mots-clés les plus populaires utilisés par les acheteurs.

* Utilisez les meilleures images possibles. Prenez des photos de votre article sous différents angles. Incluez des images de style de vie de personnes utilisant votre produit. Consultez le Chapitre 3 pour des conseils sur la création de meilleures photos.

* Créez régulièrement de nouveaux listings plutôt que de les publier tous le même jour, car ils apparaîtront davantage dans les résultats de recherche si vous les publiez au fil du temps.

* Offrez des retours de 30 jours pour éliminer le risque pour les acheteurs.

* Si vos marges bénéficiaires le permettent, offrez la livraison gratuite. La livraison gratuite est un facteur de conversion important.

* Demandez au client de laisser une évaluation après réception de votre article.

* Générez la confiance en appliquant les directives suivantes.

Visez les Retours Positifs

eBay fournit des évaluations d'utilisateurs pour les acheteurs et les vendeurs. Les évaluations, surtout les positives, sont le moyen le plus important d'inspirer confiance aux clients potentiels qui ne vous connaissent pas.

Lorsqu'ils parcourent les listings d'enchères sur eBay, les acheteurs tiennent compte de votre évaluation avant de faire une offre.

Lorsqu'un vendeur a des commentaires négatifs, un acheteur expérimenté ne fera pas d'offre. Il est donc important que votre priorité soit de toujours donner suite aux demandes des clients et d'assurer une livraison rapide afin de susciter les meilleurs commentaires possibles. Chaque fois que vous avez l'occasion d'être en contact avec un client pendant le processus d'exécution, soyez toujours courtois et respectueux pour vous assurer d'obtenir les meilleures évaluations.

Dans vos listings :

* Soyez totalement honnête au sujet de votre article.

* Demandez aux enchérisseurs d'être certains que l'article correspond à ce qu'ils souhaitent avant de placer une enchère.

* Soyez rapide, poli et amical lorsque vous répondez à des questions, même stupides, que vous recevrez par courrier électronique.

* Ne mentez pas sur l'état de votre article. S'il a déjà été utilisé, n'oubliez pas de le dire.

* Indiquez tous les défauts, les éraflures ou les rayures, même les plus minimes.

* Si vous vendez des articles en tissu, indiquez aux enchérisseurs s'ils proviennent d'un foyer sans fumée et sans animaux.

* Incluez les mesures exactes, les poids et autres descriptions qualifiant vos articles.

* Invitez les enchérisseurs qui souhaitent obtenir des informations et des garanties supplémentaires à se renseigner.

* Mettez un message sur vos listings demandant aux enchérisseurs de lire vos conditions de paiement et de livraison avant de faire une offre.

* Précisez si vous expédiez à l'international.

* Vérifiez l'Évaluation de l'Enchérisseur. S'il a des commentaires négatifs, vous pouvez lui dire poliment que vous ne traitez pas avec les utilisateurs dont l'évaluation est inférieure à un certain seuil. Indiquez-le également sur votre page « À propos de moi » et dans les descriptions de vos enchères.

Commission d'eBay

Les commissions de vente sur eBay changent. Elles varient si vous vendez un ou deux articles ou si vous vendez à partir de votre propre boutique eBay. Consultez la page des frais d'eBay sur https://www.ebay.com/help/selling/fees-credits-invoices/selling-fees?id=4364.

Les frais mensuels pour une boutique eBay commencent à 7,95 $ par mois et augmentent en fonction du nombre de listings et des fonctionnalités supplémentaires que vous souhaitez.

Outils de Vente sur eBay

Les applications de vente vous aident à effectuer des recherches, à créer des modèles de listings, à télécharger en masse et à gérer vos listings eBay. Utilisez le Gestionnaire de Vente gratuit d'eBay et testez vos listings. Si la vente de vos articles sur eBay est rentable et que vous voulez augmenter vos ventes sur la plateforme, consultez les services d'applications payants. Certains outils offrent un mois d'essai gratuit :

* https://www.ebay.com/help/selling/selling-tools/selling-manager-selling-manager-pro?id=4098 (Le Gestionnaire de Vente est gratuit depuis eBay)

* http://www.inkfrog.com (service d'abonnement)
* https://www.vendio.com (service d'abonnement)
* https://www.3dsellers.com/ (service d'abonnement)
* https://www.sellbrite.com (service d'abonnement)

Vous trouverez d'autres ressources pour les vendeurs eBay à l'adresse suivante : https://www.ebay.com/help/selling#ebay-tools.

Après avoir réalisé des ventes sur Etsy, Amazon ou eBay, vous envisagez peut-être de vous développer. Vous avez besoin d'un point central, votre propre site Web, à partir duquel vous pouvez établir des liens avec vos canaux de vente, vos profils sur les médias sociaux et recueillir des coordonnées pour élaborer une liste de diffusion de clients. Voyons maintenant les moyens les plus simples, les plus rapides et les moins chers pour créer votre propre site Web.

Chapitre 10

Vendre sur Votre Propre Site Web

S i vous passez du temps sur Facebook, Instagram ou Pinterest, vous avez peut-être accumulé une base d'abonnés. Mais ces followers appartiennent à la plateforme, pas à vous. À moins que vous ne parveniez à les faire adhérer à votre liste de diffusion, il existe toujours le risque de les perdre si votre compte est fermé ou si quelque chose arrive à la plateforme. Avoir votre propre site web vous permet de proposer une newsletter et de constituer une liste de clients fidèles.

Avoir son propre site web offre de nombreux autres avantages :

* Votre site web peut servir de plaque tournante à partir de laquelle vous établissez des liens vers vos profils de médias sociaux, vos pages de listings de produits et votre page « À propos de l'artiste » ou votre média kit.

* Avoir son propre nom de domaine permet de promouvoir sa marque.

* Vous ne payez pas de commissions pour les ventes réalisées sur votre propre site, uniquement des frais de transaction par carte de crédit.

* Avec votre propre site, vous avez un contrôle créatif sur son apparence. Vous pouvez modifier la mise en page et le design et ajouter autant de pages que vous le souhaitez.

* Vos images, descriptions et autres informations ne dépendent pas d'un autre site qui pourrait fermer votre compte à sa guise ou faire faillite.

* D'autres sites contiennent de grandes quantités de données qui peuvent n'avoir aucun rapport avec vos produits artisanaux. Avec votre propre site, vous créez un contenu centré sur votre sujet et donc plus susceptible d'être bien classé selon vos mots-

clés dans les résultats de recherche.

* Votre nom de domaine personnalisé permet de trouver plus facilement le nom de votre entreprise dans les résultats des moteurs de recherche.

* Vous pouvez accumuler des liens entrants qui contribuent à votre classement dans les moteurs de recherche.

* Avec votre propre nom de domaine, vous pouvez créer des adresses électroniques à l'apparence professionnelle pour accroître la confiance et la reconnaissance du nom, comme : shelly@shellyshandmades.com.

* En enregistrant un nom de domaine lié à votre activité, vous empêchez les autres d'utiliser ce nom. Voir le Chapitre 1.

* De nombreux services d'hébergement proposent désormais une configuration facile pour l'installation de logiciels tels que Wordpress, ce qui vous permet d'installer et de gérer rapidement votre propre blog et d'accepter des commandes de commerce électronique.

* Vous pouvez promouvoir votre nom de domaine sur vos cartes de visite, vos brochures et partout ailleurs. Même si vous changez d'hébergeur, votre nom de domaine reste le même.

* L'hébergement Web est bon marché ; souvent moins de 10 dollars par mois.

Enregistrement D'un Nom De Domaine

La première étape pour obtenir votre propre site web est d'enregistrer un nom de domaine. Vous pouvez choisir parmi de nombreux bureaux d'enregistrement de domaines. Par exemple, NameCheap.com et Godaddy.com, et bien d'autres.

Votre nom de domaine fait partie de votre image de marque. Il doit être mémorable, facile à épeler et correspondre ou se rapprocher des noms de profil de votre entreprise sur Facebook, Instagram, Pinterest et d'autres plateformes sociales.

Essayez toujours d'obtenir l'extension .com en premier. Les gens utilisent automatiquement l'extension .com, sans penser à .net, .biz ou aux d'autres extensions.

Supposons que le nom de votre entreprise comporte plus d'un mot, comme Jade's Wood Works (Les Créations en Bois de Jade). Vous pourriez enregistrer Jadeswoodworks.com. Mais l'utilisation de votre nom personnel, comme JadeBartlow.com, laisse de la place pour d'éventuels changements si, à l'avenir, votre entreprise travaille avec des produits non liés au bois.

Hébergement Gratuit De Sites Web

Si votre budget est serré, il existe des hébergeurs de sites Web gratuits pour votre site professionnel, comme Wix.com. L'attrait est qu'il est gratuit et facile à configurer. Cependant, les fonctionnalités offertes sont limitées. Si vous souhaitez sérieusement créer une entreprise durable, investissez dans l'acquisition de votre propre nom de domaine et dans un service d'hébergement fiable.

Hébergement

Lorsque vous enregistrez un nom de domaine, vous avez besoin d'un hôte, comme Hostgator.com, Hostmonster.com ou Bluehost.com. Ces services sont tous dotés de nombreuses fonctionnalités permettant d'améliorer votre site. Dans le cadre du service d'hébergement, ils fournissent une configuration facile pour l'installation de Wordpress.

Les plans d'hébergement coûtent entre 5 et 100 dollars par mois, selon le service. Pour la plupart des vendeurs de produits artisanaux, le service le moins cher sera suffisant. Lorsque votre entreprise se développe, vous pouvez passer à un plan offrant plus de fonctionnalités.

Options Du Panier D'achat

De nombreux services d'hébergement Web fournissent un module gratuit de panier d'achat auquel vous pouvez accéder via le panneau de contrôle de votre nom de domaine. Toutefois, si vous avez besoin de plus de fonctionnalités ou si vous souhaitez personnaliser votre panier, consultez ces fournisseurs de panier d'achat :

* Shopify.com — Shopify est destiné aux petites entreprises qui souhaitent vendre des produits par le biais d'une boutique en ligne. Les plans de service commencent autour de 29 $ par mois. Voir le Chapitre 16 pour des conseils sur l'utilisation de Shopify.

* PayPal.com — PayPal est utilisé par de nombreux sites de vente aux enchères et vitrines en ligne, mais vous pouvez également obtenir un compte professionnel et ajouter ses fonctions de panier d'achat aux pages de votre blog ou site web.

* WooCommerce — est un plugin Wordpress qui vous permet de prendre des commandes et de traiter les ventes à partir d'un site Web utilisant Wordpress.

Wordpress

Wordpress est sans doute la plateforme la plus populaire et la plus facile à utiliser pour créer un site Web. YouTube propose des centaines de tutoriels gratuits concernant tous les aspects de l'utilisation de Wordpress et de ses nombreux thèmes et plugins gratuits.

Wordpress est adapté au SEO. Le plugin gratuit de Yoast vous permet d'optimiser rapidement un article afin qu'il soit mieux classé selon des termes de recherche spécifiques. Yoast analyse vos articles de blog et suggère le nombre de mots-clés à utiliser, l'endroit où les placer, la longueur idéale de votre contenu, la lisibilité de votre contenu et d'autres astuces de référencement SEO.

Les endroits les plus importants pour inclure des mots-clés de recherche populaires sont les suivants :
* Titre de la page
* Gros titres
* Début du texte
* Liens vers d'autres pages sur votre site

* Liens vers des sites de confiance
* URL

Version Mobiles

La plupart de vos visiteurs et de vos ventes proviendront d'acheteurs utilisant leur appareil mobile. Heureusement, les thèmes de sites Web sont conçus pour être adaptés aux mobiles. Vous pouvez donc concevoir votre site en sachant qu'il s'affichera correctement sur un smartphone. Veillez toutefois à utiliser des images prises au format « portrait » plutôt que « paysage », car les images larges seront réduites pour s'adapter à l'écran d'un téléphone portable.

Écrire un Blog

L'ajout d'un blog à votre marketing mix vous permet de publier des articles, des images et des vidéos sur des sujets liés à vos produits artisanaux et d'accroître votre liste d'adresses électroniques. Comme les moteurs de recherche aiment les nouveaux contenus, les pages de blog sont souvent mieux classées dans les résultats de recherche Google que les pages Web statiques.

Écrire un blog est un moyen de s'exprimer sans retouche, un moyen instantané d'être publié, un journal d'où jaillissent des informations sur les produits, et un moyen de créer une communauté.

C'est aussi une façon d'attirer et de rester en contact avec de nouveaux clients. Les personnes qui lisent votre blog apprennent à vous connaître en tant qu'être humain plutôt que comme vendeur. Selon Blogher.com, 81 % des consommateurs américains en ligne se fient aux conseils des blogs.

Chaque article de blog est une page d'article. Plus vous avez de pages sur votre site, plus vous avez de chances d'être trouvé dans les résultats de recherche de Google.

Alternatives à Wordpress pour les Blogs

Si vous ne disposez pas de votre propre site de domaine, vous pouvez créer des blogs gratuits sur les sites suivants :
https://www.blogger.com/
https://www.tumblr.com/
https://medium. com/
https://jekyllrb.com/

Conseils pour la Publication de Blogs

* Créez des catégories pour vos articles de blog, car cela vous aide, vous et vos lecteurs, à trouver un contenu organisé. Par exemple, commencez une catégorie « méthode d'utilisation » pour les articles traitant de la façon d'utiliser des produits comme les vôtres. Une autre catégorie pourrait être « comment le faire soi-même » où les visiteurs peuvent apprendre à élaborer le leur.

* Les articles contenant des images et des vidéos de vos produits faits main sont presque 100 % plus consultés que les autres, donc incluez-les dans vos publications.

* Écrivez sept à dix messages de contenu utile, puis passez à une publication qui présente l'un de vos articles, comme un nouveau produit, une vente ou un événement où vous serez présent.

* Les plugins WordPress, Zapier.com et IFTTT.com vous permettent de publier automatiquement les publications et les images de vos blogs vers plusieurs sites de médias sociaux.

* Des plugins WordPress comme *Etsy Shop* (gratuit) vous permettent de connecter et d'afficher les listings de vos boutiques Etsy afin de ne pas avoir à utiliser un panier d'achat séparé pour traiter les transactions.

* Utilisez EtsyRank.com et Ubersuggest pour rechercher des mots et des phrases de recherche populaires. Placez ces mots et expressions dans le titre, l'URL, le contenu, les noms de fichiers d'images et les tags de votre article de blog.

18 Façons D'inspirer La Confiance Sur Votre Site Web

Des études montrent que la confiance est le facteur numéro un pour influencer une décision d'achat. Il est donc logique de faire en sorte que les visiteurs de vos pages en ligne aient le sentiment que vous êtes digne de confiance et que l'on peut faire des affaires avec vous en toute sécurité. Voici quelques éléments qui instaurent la confiance et que vous pourriez envisager d'inclure sur vos pages Web ou sur les sites où vous avez une vitrine :

1. Créez un site convivial. Rendez la navigation facile et intuitive.

2. Écrivez sur un ton personnel et conversationnel afin que vos visiteurs sachent qu'ils ont affaire à un véritable être humain.

3. Ajoutez régulièrement de nouveaux produits et du contenu.

4. Relisez tous vos textes et corrigez les fautes de frappe, les fautes d'orthographe et les erreurs grammaticales.

5. Indiquez que les produits sont disponibles pour une expédition immédiate.

6. Rendez votre site interactif ; permettez aux clients de communiquer avec vous par le biais de commentaires.

7. Incluez des témoignages de clients réels (vous aurez besoin de leur autorisation) et toute citation de critiques que vous obtenez sur des publications ou des médias (vous n'avez pas besoin d'autorisation pour citer les médias).

8. Faites en sorte que vos prix soient visibles et incluez les frais d'expédition et de manutention dès le départ afin que les clients sachent le montant total qu'ils auront à payer.

9. Incluez des photos et des vidéos lumineuses, et mettez-en beaucoup.

10. Précisez clairement qui est le propriétaire du site et indiquez plusieurs moyens de vous joindre, comme vos numéros de téléphone, votre adresse électronique de contact, votre adresse postale et les alternatives à la commande en ligne. Utilisez une adresse électronique de votre propre domaine comme jenna@jennaspurses.com.

11. Pour valider les paiements, vous accepterez probablement les cartes de crédit et/ou PayPal. Incluez les logos graphiques de Mastercard, Visa, Discover, American Express et PayPal sur vos pages Web, car ils inspirent confiance.

12. Incluez une page de commande alternative pour ceux qui préfèrent téléphoner, envoyer un courrier ou une télécopie pour passer une commande.

13. Publiez une page avec une politique de confidentialité et indiquez que vous ne partagez pas les coordonnées de vos visiteurs avec d'autres parties (à l'exception des sociétés de cartes de crédit lorsqu'une vente est effectuée).

14. Mettez une déclaration sur chaque page indiquant que les achats sur votre site sont SSL, sûrs et sécurisés (en supposant que votre site dispose d'un certificat de sécurité).

15. Indiquez une garantie. Supprimez le risque à l'achat et plus de gens feront affaire avec vous. Si vous avez une politique de remboursement, veillez à la faire connaître.

16. Vérifiez tous vos liens pour vous assurer qu'ils fonctionnent.

17. Évitez de créer des liens vers des sites qui n'ont rien à voir avec vos créations.

18. Proposez un bulletin d'information aux clients pour annoncer les offres spéciales et les nouveaux produits.

Développez Votre Liste de Clients

Vous pourriez penser qu'un client satisfait aura naturellement envie de vous contacter la prochaine fois qu'il aura besoin d'un cadeau mémorable. En réalité, il se peut que les gens ne repensent jamais à vous après votre première vente, probablement parce que vous n'avez pas su rester en contact avec eux.

Une enquête a montré que 68 % des personnes qui ont cessé d'acheter auprès d'une entreprise ont été traitées avec indifférence par un employé ou le propriétaire.

Dans la course aux profits, il est très facile de se laisser entraîner à penser que le commerce est une affaire de vente, et non de relations. Mais il est plus rentable de s'adresser à ceux qui vous connaissent. Le coût estimé de l'accumulation de nouveaux clients est environ six fois plus élevé que celui de la réactivation d'anciens acheteurs.

Il est utile de savoir que vous avez une bonne raison de reprendre contact avec vos anciens clients. Lorsque vous les connaissez, vous pouvez personnaliser vos futurs suivis :

* Fournissez quelque chose que le client perçoit comme bénéfique — comme un coupon de réduction ou un nouvel objet de collection.

* Montrez que vous n'êtes pas indifférent, puisque vous avez repris contact.

* Faites en sorte que chaque prospect se sente important, et non délaissé.

Outils pour Capturer les E-mails

Les outils suivants vous aident à capturer des e-mails et à gérer votre liste de diffusion. Vous pouvez créer un bulletin d'information, une série de réponses automatiques, envoyer une offre spéciale ou informer vos clients du lancement d'un nouveau produit : Aweber.com, Mailchimp.com, Getresponse.com et Convertkit.com.

Ces outils vous permettent également de personnaliser les courriels pour obtenir plus de réponses. Un bon exemple est un message qui s'adresse à la personne par son prénom dans l'objet du courriel et ou encore de faire figurer le nom de la personne dans le corps du texte du courriel. Une étude a montré que les messages électroniques personnalisés génèrent en moyenne plus de 400 % de ventes en plus que les courriels non personnalisés.

Suivi des Statistiques de Vos Visiteurs

Si vous avez votre propre site Web, vous pouvez utiliser le code de suivi gratuit Google Analytics pour suivre les visiteurs. Google vous donne accès à vos statistiques de trafic et à leur provenance. Observez vos rapports de visiteurs pour savoir quelles annonces publicitaires ont entraîné des clics et se sont ensuite converties en ventes.

Votre site web peut se connecter à tous vos autres profils sociaux. L'un de vos objectifs devrait être d'utiliser votre site pour capturer les e-mails de vos abonnés sur Facebook, Instagram, Pinterest et partout ailleurs où vous publiez. Le chapitre suivant vous donne un aperçu de la façon dont le marketing des médias sociaux peut être mis en place pour développer votre entreprise.

Chapitre 11

Aperçu Du Marketing Des Médias Sociaux

L es médias sociaux offrent de multiples façons de développer une base d'abonnés pour vos produits artisanaux. Les sites de réseaux sociaux peuvent vous aider à recueillir de nouveaux prospects, à augmenter les ventes et à assurer le suivi des clients. Vous pouvez :

* Publier des images et des vidéos de produits
* Apprendre ce que les clients pensent et comment ils communiquent
* Interagir avec les clients pour établir des relations
* Relier plus de visiteurs à votre boutique Etsy ou à votre site web
* Vérifier ce que font vos concurrents pour commercialiser leurs produits.

Pour vous aider à inclure le marketing des médias sociaux dans votre entreprise artisanale, ce chapitre couvre les points suivants :

* Conseils en matière de marketing social
* Outils de planification
* Transférer les abonnés vers votre liste d'adresses électroniques

Conseils Pour Le Marketing Social

Avant d'aborder les principales plateformes sociales, la liste de contrôle suivante sert d'introduction aux publications sociales :

* Familiarisez-vous avec le fonctionnement d'une plateforme. Les gens traînent sur les sites sociaux pour des raisons spécifiques.

Si vous vous rendez compte que quelque chose fonctionne pour promouvoir vos publications Instagram, la même tactique peut ne pas fonctionner sur Pinterest ou Twitter.

* Certains vendeurs disent qu'Instagram leur envoie plus de clients. Pour d'autres, c'est Pinterest ou Facebook. Quel est le meilleur choix pour vous ? Testez quelques publications de produits et mesurez vos résultats.

* Publiez plusieurs fois par jour. Utilisez les outils décrits plus loin dans ce chapitre pour planifier la diffusion des messages sur les différents sites.

* Dans vos publications, soyez utile. Soyez inspirant. Soyez divertissant. Soyez éducatif.

* Les publications contenant des images sont plus partagées sur Facebook et plus retweetées sur Twitter.

* Les publications contenant des vidéos suscitent le plus d'intérêt.

* La portée organique de vos messages est de plus en plus limitée. Pour obtenir plus de vues, payez pour des annonces publicitaires comme décrit au Chapitre 18.

* Répondez aux commentaires des internautes sur vos publications. Plus vous pouvez générer de l'engagement, plus vos publications apparaîtront de manière organique.

* À quelle fréquence devez-vous promouvoir votre produit dans vos publications sur les réseaux sociaux ? Commencez par sept publications qui offrent de l'aide, divertissent ou éduquent, puis publiez votre article relatif au produit ou votre lien. Répétez l'opération plusieurs fois et observez la réaction de vos abonnés.

Outils De Planification Des Messages Sociaux

La gestion de tous vos profils sur plusieurs sites, un par un, peut rapidement vous prendre toute la journée. Vu au chapitre 7, Vendre sur Etsy, l'un des outils que contient votre gestionnaire de boutique Etsy, sous la rubrique Marketing, est l'option Réseaux Sociaux. Vous pouvez rapidement connecter et promouvoir les publications de vos listings, critiques et favoris directement sur vos profils Facebook, Instagram, Pinterest et Twitter.

Il existe d'autres outils de planification (abonnements payants) pour vous aider à optimiser votre temps. Essayez-en un ou plusieurs pendant un mois (certains proposent des essais gratuits), puis décidez si vous souhaitez conserver cet outil ou en essayer un autre.

* Outfy.com
* Hootsuite.com
* Buffer.com
* Tailwindapp.com
* SproutSocial.com

Transposez Vos Abonnés Vers Votre Liste De Diffusion

Si votre site social préféré disparaît ou change de politique, ou si votre compte est fermé, tous vos abonnés et le travail que vous aurez réalisé pour les obtenir disparaîtront. Il n'y a pas de sauvegarde possible.

Vous ne possédez peut-être pas vos abonnés sur les réseaux sociaux, mais vous possédez votre liste de diffusion. Et cette liste sera toujours la vôtre pour faire la promotion de vos produits, quoi qu'il arrive à vos plateformes sociales.

Pour inciter vos abonnés à vous laisser leur adresse électronique, proposez-leur un coupon, un téléchargement gratuit, un abonnement à un bulletin d'information ou un minicours.

Votre liste d'adresses e-mail est un atout. Sauvegardez-la fréquemment. Utilisez-la pour rester en contact avec votre tribu.

Chaque site social attire des visiteurs pour des raisons spécifiques. Il convient donc d'adapter le comportement de ces visiteurs et la manière dont vous faites du commerce auprès d'eux. Par exemple, les fans de Facebook réagissent ou s'engagent avec les publications d'une certaine manière, les fans d'Instagram d'une autre. Plutôt que d'essayer de maîtriser tous les sites sociaux, essayez d'obtenir des résultats sur un ou deux des sites avec lesquels vous êtes à l'aise avant de promouvoir sur les autres.

Vendre à Partir de Boutiques Facebook, Instagram ou Pinterest

Shopify et d'autres applications multicanales de listings vous permettent de faire la liste ou d'importer rapidement vos produits Etsy sur plusieurs sites sociaux. Consultez le Chapitre 16 pour savoir comment augmenter vos ventes en créant des boutiques sur Facebook, Instagram et Pinterest.

Les chapitres suivants présentent les meilleures pratiques pour rassembler des abonnés et faire des ventes sur les principaux sites sociaux permettant d'atteindre des acheteurs de produits artisanaux.

Chapitre 12

Conseils pour Facebook

Plus de deux milliards de personnes utilisent Facebook. Près de 80 % des acheteurs aux États-Unis ont trouvé des produits à acheter en consultant Facebook. Une fois que vous avez un profil personnel sur Facebook, vous pouvez créer une page Facebook gratuite pour votre entreprise. Les profils personnels Facebook sont limités à l'ajout de 5 000 amis, mais les pages Facebook peuvent avoir un nombre illimité d'amis et d'abonnés.

Boutique Facebook

* Vendez directement à partir de votre page Facebook en activant un onglet Boutique Facebook dans les paramètres de votre page. En 2020, Facebook a annoncé une mise à niveau de la fonctionnalité Boutique dans le but d'être plus compétitif par rapport à Amazon et d'autres sites de commerce électronique. Les acheteurs peuvent parcourir vos articles, effectuer un achat et le payer tout en restant sur votre page Facebook.

* Configurez un catalogue Facebook dans votre Business Manager sur Facebook : https://business.facebook.com/

* Des applications comme Shopify vous permettent d'importer rapidement les données de vos listings de produits Etsy ou autres vers votre boutique Facebook. Voir le Chapitre 16.

* Vous avez accès à « Insights », qui fournit des données sur les visiteurs que vous ne pouvez pas obtenir à partir d'une simple page de profil. Vous saurez combien de personnes ont été en contact avec vos publications, combien de nouveaux likes vous avez obtenus, combien de personnes ont participé à vos publications, et bien plus encore.

* Pour réaliser des ventes sur Facebook, il faut être visuel, et pas qu'un peu. Des études montrent que les utilisateurs de

Facebook réagissent davantage aux images et aux vidéos qu'à un simple texte.

* L'onglet « Boutique » peut également renvoyer vers votre site web ou votre boutique Etsy. Mais le fait de faire sortir les clients de Facebook crée une étape supplémentaire qu'ils doivent franchir, ce qui diminue les taux de conversion.

* Pour recevoir les paiements, créez un compte avec une passerelle de paiement comme https://www.stripe.com. Une fois votre compte de paiement ouvert, ajoutez des produits dans votre boutique. Pour une vidéo détaillée sur la configuration d'une boutique Facebook, visionnez https://www.youtube.com/watch?v=jahKOMsOka0.

Conseils pour les Publications

* Publiez régulièrement, par exemple plusieurs fois par semaine.

* Publiez à partir de votre page FB, et non de votre profil personnel.

* Téléchargez des images de vos produits, des vidéos de votre processus de création et des publications contenant un mélange de vidéos, d'images et de texte.

* La vidéo est reine sur Facebook. Les vidéos Facebook Live obtiennent six fois plus d'interactions que les vidéos ordinaires. Les vidéos FB Live sont également mieux classées dans les fils d'actualité.

* Publiez des conseils utiles liés à vos produits. Si vous fabriquez des accessoires, proposez des conseils tels que *« 5 façons d'utiliser ce _____ pour être élégant en un rien de temps tout en aidant la planète ».*

* Évitez de publier des messages à caractère politique ou religieux.

Stories Facebook

Lorsque vous publiez une publication sur votre page FB de la manière habituelle, elle apparaît dans certains fils d'actualité de vos spectateurs, mais pas dans tous. Lorsque le fil d'actualité d'une personne se remplit de messages entrants, votre publication est reléguée vers le bas au fur et à mesure que de nouveaux messages apparaissent en haut.

Les stories FB apparaissent au-dessus du fil d'actualité de vos utilisateurs et y restent pendant 24 heures. Si vous ajoutez des informations à votre story plusieurs fois par jour, le nom de votre entreprise restera devant les yeux de vos abonnés au lieu de disparaître dans leur fil d'actualité.

Vous pouvez ajouter des stories à votre page FB depuis votre smartphone. Elles peuvent inclure des photos, des vidéos et du texte.

Les stories fonctionnent mieux si elles offrent un accès « dans les coulisses » de votre entreprise d'artisanat de mode. Par exemple, vous pouvez filmer une vidéo de vous en train de créer une nouvelle pièce, ou alors, pour être comique, en ratant complètement une création.

Groupes « Achat-Vente » sur Facebook

* Les groupes FB d'« achat et de vente » pour les produits faits main vous permettent de publier des images, des descriptions de produits et des liens vers la page de vente de votre article sur Etsy ou ailleurs. Les acheteurs rejoignent ces groupes pour rechercher des articles faits main.

* Pour trouver des groupes sur FB pour y publier vos produits, tapez « acheter vendre fait main » ou « achat vente créations » dans la barre de recherche en haut à gauche de n'importe quelle page FB. Cliquez ensuite sur l'onglet Groupes pour limiter les résultats aux groupes.

* Facebook.com/marketplace/ est le propre marché d'achat et de vente de FB. Il est utilisé par 800 millions de personnes

dans le monde chaque mois. Les vendeurs proposent des articles à vendre. Les acheteurs recherchent les bonnes affaires. Comme avec Craigslist, l'utilisation de cette place de marché est gratuite.

* FB Marketplace affiche des tonnes d'objets dont les gens cherchent à se débarrasser à bas prix. Les résultats de la recherche sont adaptés à votre région.

* Une recherche de l'expression « fait main » a généré des centaines d'articles près de chez moi. La plupart des annonces étaient des articles d'occasion. Certains étaient neufs et leur prix correspondait au prix de détail demandé par les vendeurs sur Etsy.

* Bien que présenter des produits faits main à côté d'articles d'occasion ne permette pas de distinguer vos produits, mettre votre article sur FB Marketplace vous offre gratuitement un panier d'achat virtuel. Vous créez un lien direct vers le listing de votre produit, les acheteurs peuvent payer via Facebook Pay, et vous expédiez l'article ou le livrez localement.

Chapitre 13

Conseils pour Pinterest

Pinterest.com est un moteur de recherche visuel qui vous permet d'épingler vos images et vidéos préférées sur le Web. Les épingles sur Pinterest n'expirent pas, donc investir du temps ici peut s'avérer payant sur le long terme.

Le site reçoit plus de deux milliards de recherches chaque mois. Il est considéré par beaucoup comme la plateforme de recherche visuelle la plus populaire. Plus pertinent pour les vendeurs, 93 % des « épingleurs » utilisent Pinterest pour planifier des achats.

Par exemple, les fans de Pinterest l'utilisent pour rechercher des conseils de mode, les tendances du moment, planifier des mariages, la naissance d'un bébé, des astuces de bricolage, et bien plus encore. La mode et le bricolage figurent parmi les principaux centres d'intérêt sur Pinterest.

La vente moyenne découlant d'une recherche sur Pinterest avoisine les 60 dollars — soit un montant supérieur aux ventes moyennes réalisées par les acheteurs sur Twitter ou Facebook.

Pinterest aime Etsy

Les personnes qui consultent vos épingles ou qui vous suivent sur Pinterest ne cliqueront pas toutes sur votre boutique en ligne, mais elles sont suffisamment nombreuses pour justifier de consacrer du temps dans la création d'une présence ici. Les épingles ne disparaissent pas comme les publications Facebook. Même lorsque j'ai oublié d'épingler pendant de longues périodes, les statistiques de ma boutique Etsy montrent que les visiteurs consultent mes articles depuis Pinterest presque tous les jours. L'une de mes épingles datant de 2012 envoie encore du trafic vers mon site. Nous aimons Pinterest !

Créer un Compte Professionnel

* Choisissez l'option d'un compte professionnel Pinterest lors de votre inscription. Cela offre plus d'options, notamment l'accès à Pinterest Analytics, qui suit et mesure l'engagement de vos épingles.
* Si vous avez déjà un profil personnel, convertissez-le gratuitement en compte professionnel.
* Lorsque vous créez votre profil, choisissez le même nom d'entreprise que vous utilisez sur tous vos sites en ligne.
* Comme partout où vous vendez en ligne, incluez des mots-clés populaires liés à votre activité dans la description de votre profil et lorsque vous nommez vos tableaux afin d'être découvert lors des recherches.
* Allez dans « Paramètres » et « Revendiquer ». Ajoutez votre site web si vous en avez un. Revendiquez également votre boutique Etsy, vos comptes Instagram et YouTube. Revendiquer vos comptes vous donne accès à Analytics qui montre comment les visiteurs s'engagent avec vos épingles.

Créer une Boutique Pinterest

Après avoir créé un compte professionnel Pinterest et revendiqué votre site Web, vous pouvez mettre en place des épingles et des catalogues de shopping. Vous pouvez présenter jusqu'à huit groupes de produits.

Les épingles de produit contiennent des métadonnées et sont formatées pour indiquer aux visiteurs que ces produits peuvent être achetés. Elles contiennent des informations sur les prix, la disponibilité, le titre et la description du produit.

Vous devrez importer une source de données ou utiliser une application d'importation comme Shopify ou d'autres, décrites au Chapitre 16. Travailler avec des flux de données peut être compliqué, si vous ne l'avez jamais fait. Pour obtenir une aide détaillée, étape par étape, sur la mise en place de produits à vendre sur Pinterest, consultez https://help.pinterest.com/en/business/article/create-a-shop.

Création de Tableaux

* Les tableaux Pinterest vous permettent d'organiser vos images par thèmes. Après avoir configuré votre profil, l'étape suivante consiste à créer cinq à dix tableaux pour y placer vos épingles.

* Rassemblez un mélange de contenus que les internautes auront plaisir à consulter. Par exemple, si vous tricotez ou crochetez des écharpes à partir de matériaux durables, créez un tableau pour les épingles de vos écharpes, un autre tableau avec des épingles présentant différentes façons de porter des écharpes, et encore un autre qui montre vos écharpes portées lors d'occasions spéciales.

* Si vous n'avez pas beaucoup d'images de produits pour remplir vos tableaux au début, remplissez-les avec des images de conseils, de guides et de produits que vous aimez.

* Choisissez un tag de mot-clé populaire pour le nom du tableau. Incluez une description en utilisant plusieurs mots-clés connexes. Téléchargez une image de couverture accrocheuse. Tout comme les gens jugent un livre à sa couverture, ils explorent vos épingles en fonction des images de couverture de vos tableaux.

* Pour obtenir des exemples sur la façon de construire vos tableaux, il suffit de faire une recherche sur Pinterest en utilisant des mots qui décrivent vos produits ou vos clients ; dressez une liste des épingleurs les plus populaires et observez comment ils ont créé leurs tableaux et leurs épingles.

Rassembler des Abonnés

* Recherchez des sujets liés à vos produits et trouvez les tableaux les plus populaires. Lorsque vous trouvez une personne ayant un million d'abonnés ou plus, cliquez sur le lien « abonnés » sur son profil. Une liste déroulante apparaît. Commencez à suivre les abonnés de ces épingleurs populaires qui semblent être actifs sur Pinterest.

* Suivez jusqu'à cinquante nouvelles personnes par jour. Si vous avez configuré vos tableaux avec des collections d'images intéressantes, vous verrez que des abonnés d'épingleurs populaires vous suivront. Épinglez quotidiennement de nouvelles images dès qu'elles apparaissent dans les fils d'actualité de vos nouveaux abonnés.

* Engagez le dialogue avec vos abonnés. Commentez leurs épingles. Créez des conversations.

* Rejoignez les tribus Tailwind. Ici, vous pouvez rejoindre des communautés (tribus) de personnes partageant les mêmes idées. Vous partagez leurs publications et ils partagent les vôtres. Voir : https://www.tailwindapp.com/tribes.

Épingler

* La plupart des utilisateurs de Pinterest sont des femmes — pensez à des épingles qui attireront les femmes.

* Épinglez régulièrement, voire quotidiennement. Utilisez un outil de planification pour vous faciliter la tâche.

* Épinglez des images et des vidéos. Épinglez des conseils utiles.

* Pinterest veut plus de vidéos. Les vidéos sont bien classées dans les recherches sur Pinterest.

* Pinterest favorise les épingles/épingleurs qui obtiennent un meilleur engagement avec des résultats de recherche plus élevés.

* Les études menées sur Pinterest révèlent que les images de style de vie suscitent plus d'attention que les images de produits, soit 150 % d'achats supplémentaires par rapport aux seules photos de produits.

* Les vidéos épinglées sur Pinterest obtiennent un engagement plus élevé que sur les autres sites.

* Optimisez les épingles pour attirer plus de visiteurs à partir de la recherche. Chaque épingle peut avoir une description. Dans la description, utilisez des termes de recherche populaires et des tags liés à vos produits. Créez un lien direct vers la fiche

de votre produit sur Etsy ou ailleurs, afin que les internautes puissent cliquer pour acheter immédiatement.

* Comme nous l'avons mentionné précédemment, vous pouvez épingler vos listings Etsy, vos critiques cinq étoiles et plus encore sur Pinterest par le biais de votre Gestionnaire de Boutique Etsy.

* Les épingles enrichies ont un format spécial qui donne plus de contexte autour d'une idée ou d'un produit en affichant des informations supplémentaires sur l'épingle. Les épingles enrichies sont gratuites, mais vos épingles doivent répondre à des critères et être approuvées. Les étapes de la mise en place des épingles enrichies se trouvent à l'adresse suivante : <u>help. pinterest.com/en/business/article/rich-pins</u>.

Si vous disposez d'un compte professionnel sur Pinterest, vous pouvez accéder à la publicité payante par le biais des Épingles Promues. Comme pour n'importe quelle campagne publicitaire, fixez votre budget de dépenses aux montants minimaux en dollars, et testez pendant deux à trois semaines. Pinterest fournit un suivi des publicités qui révèle combien de personnes voient vos publicités, cliquent dessus et achètent un produit, si vous vendez directement sur Pinterest.

Chapitre 14

Conseils pour Instagram

Instagram est une plateforme dominée par le mobile pour raconter des histoires visuelles — 98 % du contenu d'Instagram provient de téléphones. Instagram compte plus d'un milliard d'utilisateurs dont 59 % ont moins de trente ans. De nombreux vendeurs Etsy déclarent obtenir plus de ventes via Instagram que via Pinterest ou Facebook. C'est compréhensible, puisque plus de 1 926 000 utilisateurs d'Instagram y suivent le profil d'Etsy.

Les membres d'Instagram ont un taux d'engagement élevé. Plus de 70 % des utilisateurs ont acheté quelque chose qu'ils y ont trouvé en utilisant leur téléphone mobile.

Créer un Compte Professionnel

* Téléchargez l'application Instagram et installez-la sur votre téléphone. Configurez votre nouveau compte comme compte professionnel, ou convertissez votre profil existant en un profil professionnel.

* Comme pour les autres sites sociaux, un compte professionnel vous permet de promouvoir ou de faire de la publicité pour vos publications. Vous avez aussi accès à « Insights » (outil d'analyse) sur vos publications, hashtags, visiteurs et engagement.

* Choisissez le même nom d'utilisateur (ou une variante proche si votre nom est déjà pris) que vous utilisez sur Etsy et sur tous vos profils de médias sociaux. Téléchargez aussi la même image de profil sur tous vos sites sociaux.

* Incluez un lien vers votre boutique Etsy ou une autre boutique en ligne dans votre profil.

* Un compte professionnel Instagram est nécessaire pour configurer Instagram Shopping.

Instagram Shopping

Instagram autorise les publications commerciales où les visiteurs peuvent acheter vos produits en cliquant sur un bouton. Les publications commerciales affichent une icône de sac à provisions indiquant à ceux qui les voient qu'ils peuvent acheter directement. Les utilisateurs peuvent également cliquer pour parcourir le catalogue de votre « Boutique » depuis votre profil Instagram.

Instagram étant la propriété de Facebook, commencez le processus de mise en place sur Instagram en créant d'abord un catalogue Facebook dans votre Facebook Business Manager.

Créez une Boutique Facebook. Pour une vidéo détaillée sur la configuration d'une boutique Facebook, consultez https://www. youtube.com/watch?v=jahKOMsOka0 . Ou utilisez Shopify ou une autre application de référencement multicanal. Voir le chapitre 16.

Connectez votre Boutique Facebook à votre compte professionnel Instagram.

Téléchargez sur votre compte Instagram les images que vous souhaitez identifier pour la vente.

Pour une explication étape par étape, voir https://www. facebook.com/business/instagram/shopping/guide.

Publication d'Images

* Une fois l'application ouverte, prenez une photo avec votre téléphone, écrivez une jolie légende et cliquez sur « partager ». Vous avez la possibilité d'ajouter des filtres de retouche d'image avant de partager vos photos.

* L'application redimensionne automatiquement votre image téléchargée pour qu'elle s'adapte aux mobiles. Les images horizontales (portrait) s'adaptent bien à l'écran, car la plupart des gens tiennent naturellement leur téléphone à l'horizontale.

* Le partage d'images contient des options. Vous pouvez les partager sur vos autres profils de réseaux sociaux. Vous pouvez ajouter des hashtags. Vous pouvez identifier d'autres personnes sur l'image. Et vous pouvez ajouter votre emplacement afin que les visiteurs sachent où l'image a été prise.

* Vous pouvez également télécharger des images depuis votre ordinateur.

* Dans votre publication, il est possible d'ajouter une brève légende. Le texte de la légende peut apparaître dans les résultats de recherche, alors incluez des hashtags pertinents.

Vidéos

* Instagram vous permet d'ajouter et de modifier des vidéos d'une durée maximale de soixante secondes. Les vidéos peuvent provenir directement de votre téléphone ou d'un contenu que vous avez transféré sur votre téléphone depuis une autre source.

* Les vendeurs peuvent ajouter un appel à l'action à la fin d'une vidéo.

Stories Instagram

* Les stories Instagram, comme les stories FB, présentent vos photos et vidéos au-dessus du fil d'actualité de vos abonnés. Elles y restent pendant vingt-quatre heures.

* Téléchargez l'histoire en coulisses de votre création faite main. Publiez des histoires sur la façon dont vous avez commencé avec votre entreprise d'artisanat de mode, comment vous fabriquez vos produits et ce qui vous inspire.

* Utilisez la fonction « sondage » pour poser des questions à vos abonnés. Découvrez ce qu'ils pensent de vos stories.

Hashtags

* Les hashtags sont des phrases collées précédées du signe #. Exemple : #mariagefaitmain. Le signe # transforme la phrase en un lien cliquable. Les hashtags aident vos messages à être trouvés dans les moteurs de recherche.

* Les hashtags peuvent vous aider à découvrir d'autres vendeurs ayant des produits comme les vôtres.

* Les hashtags composés de plusieurs mots vous aident à attirer des acheteurs plutôt que de simples chercheurs. Si vous fabriquez et vendez des articles de mariage, des hashtags à thème vague comme #mariages ne vous seront pas aussi utiles que des hashtags plus spécifiques comme #modepourmariage, ou #mariagefaitmain.

* Vous pouvez ajouter jusqu'à trente hashtags lorsque vous publiez ou commentez, mais en ajouter autant donne l'impression d'être du spam. La solution consiste à ajouter un commentaire et à y inclure les hashtags.

* Des études montrent que les messages comportant plusieurs hashtags suscitent deux fois plus d'interaction avec les internautes.

* Éparpillez les hashtags de votre choix parmi vos publications et commentaires.

* Dédiez l'un de vos hashtags à votre nom sur Instagram.

* Regardez les publications sur les profils les plus populaires dans votre niche. Vous y remarquerez les hashtags auxquels vous n'aviez pas pensé.

* Une fois que votre profil aura reçu, au fil du temps, des likes, des commentaires et des abonnés, utilisez « Insights » de votre compte professionnel pour découvrir quels hashtags ont apporté le plus de trafic à votre boutique Etsy ou à votre site Web.

* Trouvez des mots-clés en commençant à taper dans la barre de recherche d'Instagram et notez la liste déroulante avec autocomplétion des tags populaires. La fonction de remplissage automatique d'Instagram provient de recherches réelles.

* Enregistrez tous vos hashtags dans un fichier texte ou une feuille de calcul. Séparez-les par niches, produits, personnes ou autres catégories. Lorsque vous avez besoin de hashtags, il suffit de consulter votre fichier et de les copier.

* Utilisez les hashtags utilisés par les communautés liées à la niche de votre produit.

Trouvez des hashtags populaires liés à votre niche de marché en utilisant les applications suivantes :
* keywordtool.io
* displaypurposes.com
* skedsocial.com
* hashtagify.me
* all-hashtag.com

Où Placer les Hashtags

* Des stickers sur vos images et vidéos
* La description de votre article
* Les commentaires que vous laissez
* Les commentaires que vous recevez
* Vos stories Instagram
* La biographie de votre profil

Conseils pour les Publications

* Lorsque quelqu'un aime ou commente vos publications d'images, envoyez-lui un remerciement. C'est une façon naturelle d'entamer une conversation.

* Si votre muse créative prend des vacances, publiez le contenu d'autres personnes.

* Étudiez les publications des profils Instagram les plus populaires dans votre niche. Recherchez les contenus qui ont attiré le plus de commentaires. C'est un excellent moyen de vous inspirer en ce qui concerne ce que vous pourriez poster.

* Suivez les abonnés d'autres vendeurs dans votre niche. S'ils semblent écrire fréquemment leurs publications ou si elles sont récentes, commencez par aimer leurs images. Beaucoup d'entre eux vous suivront en retour.

* Suivez les vendeurs Etsy dont les lignes de produits sont complémentaires aux vôtres. Commentez et aimez leur contenu. Envoyez-leur un message pour leur demander s'ils souhaitent faire une promotion croisée de vos produits respectifs.

* Postez souvent. Il a été démontré que le fait de télécharger du contenu deux fois par jour augmente le nombre d'abonnés. Utilisez l'un des outils de programmation des réseaux sociaux décrits précédemment.

* Instagram est très social. Le fait d'identifier d'autres personnes (en ajoutant @pseudoutilisateur) peut vous faire gagner de la clientèle et augmenter les commentaires sur vos publications.

* Obtenez encore plus d'abonnés à partir de vos publications populaires avec la publicité Instagram, expliquée au Chapitre 18.

Chapitre 15

Conseils pour Twitter

Twitter compte plus de 300 millions d'utilisateurs qui produisent 500 millions de tweets chaque jour. Quatre-vingts pour cent des utilisateurs de Twitter vivent en dehors des États-Unis, cependant vingt-quatre pour cent des Américains utilisent le site. Le fil Twitter d'Etsy compte plus de 2 millions de followers.

Création d'un Compte Professionnel

* Comme pour vos autres comptes sociaux, choisissez un nom d'utilisateur/pseudo ou une version proche du nom de votre entreprise qui permettent d'identifier votre marque.

* Créez un compte professionnel Twitter (ou convertissez votre compte personnel) pour bénéficier d'autres fonctionnalités.

Vendre sur Twitter

Vendre sur Twitter est aussi simple que de tweeter un lien vers un article dans votre panier Etsy ou de toute autre boutique en ligne. Toutefois, avant d'essayer de faire affaire avec tout le monde, créez des listes d'acheteurs potentiels à l'aide de <u>Listes Twitter</u>. Par exemple, votre liste la plus importante sera celle de vos anciens clients.

Augmenter Votre Nombre d'Abonnés

* Recherchez sur Twitter les influenceurs populaires dans votre niche et d'autres vendeurs ayant des produits comme les vôtres. Si vous vendez des accessoires, tapez le type de produit, comme « sacs à main », dans la barre de recherche de Twitter. com. Dans la barre latérale, Twitter suggère « Qui suivre ». Au fur

et à mesure que vous suivez certains comptes, Twitter continue d'en afficher d'autres en fonction de vos centres d'intérêt.

* Les blogueurs utilisent Twitter pour annoncer leurs derniers articles. Utilisez Twitter pour trouver des blogueurs qui évaluent des produits comme le vôtre.

* Suivez les leaders dans votre domaine (ceux qui ont beaucoup d'abonnés) et suivez leurs abonnés. Tant que vos Tweets sont utiles ou divertissants, beaucoup vous suivront en retour.

* Recherchez des utilisateurs Twitter populaires dans des niches connexes. Par exemple, si vous vendez des vêtements ou des accessoires recyclés, identifiez les grands influenceurs à suivre dans le domaine de la mode. Le développement durable est une forte tendance dans le monde de la mode.

* Lorsque vous participez ou initiez des conversations sur Twitter, visez l'engagement. Vous développerez votre influence plus rapidement en établissant des connexions authentiques plutôt qu'en envoyant des tweets promotionnels.

Tweets

* Tweetez directement à partir d'Etsy à chaque fois que vous publiez un nouveau listing de produits, obtenez une critique cinq étoiles ou offrez un coupon. Voir Gestionnaire de boutique > Marketing > Réseaux sociaux.

* Définissez le meilleur moment de la journée pour tweeter avec un outil comme Tweriod.com.

* Publier sur Twitter vous apprend à cerner votre message. Les tweets sont limités à 280 caractères.

* Un tweet est une autre façon d'engager le dialogue. C'est comme envoyer de brefs messages instantanés.

* Des tweets fréquents génèrent plus d'abonnés. Utilisez des outils de publication de messages sociaux comme Hootsuite ou Buffer pour programmer l'envoi de vos messages.

* Variez le contenu de vos tweets : sept tweets utiles ou divertissants pour un tweet sur vos produits. Si cela vous semble trop pressant, essayez dix pour un (promo).

* Les Tweets avec des images obtiennent plus d'engagement. Cette règle s'applique à la plupart des sites de médias sociaux.

* Statistiquement, les Tweets avec des liens obtiennent plus de clics.

* Utilisez Twitter Analytics pour savoir quels sont vos tweets qui suscitent le plus d'intérêt.

* Tweetdeck.twitter.com vous permet de gérer toute votre activité sur Twitter.

Hashtags

* Les hashtags (le fait de mettre le signe # devant un mot-clé) fonctionnent sur Twitter de la même façon que sur Instagram.

* L'utilisation de deux hashtags pertinents dans un tweet suscite plus d'engagement.

* Consultez la section sur les hashtags Instagram, car les mêmes directives s'appliquent à Twitter.

Publiez automatiquement les tweets de votre boutique Etsy à l'aide de l'application Etsy-fu approuvée par Etsy : https:// etsyapps.com/etsy-fu/.

Comme vous l'avez appris dans les derniers chapitres, il existe de nombreuses options de vente en ligne autres qu'Etsy ou Amazon. Si vos ventes sont en hausse et que vous vous sentez prêt à faire évoluer votre activité, le chapitre suivant vous présente Shopify et d'autres outils de référencement multicanal.

Chapitre 16

Vendre avec Shopify et les Applications de Listing Multicanal

Vous vous sentez un peu dépassé par toutes les possibilités de vente en ligne ? Comme nous l'avons mentionné précédemment, la solution consiste à choisir une plateforme, à la maîtriser, puis à en adopter une autre, puis une autre.

Mais quelle est l'étape suivante lorsque vous avez maîtrisé la vente sur Etsy et Amazon et que vous êtes prêt à vous développer sur plusieurs marchés ? Ce chapitre présente Shopify, et d'autres outils accessibles aux vendeurs, qui vous aident à mettre vos listings de produits sur différentes plateformes à partir d'une seule interface. Ils sont souvent appelés « logiciels d'e-commerce multicanal ».

Shopify et d'autres applications permettant de synchroniser les produits sur plusieurs sites sont des services par abonnement. Certains proposent des essais gratuits afin que vous puissiez tâter le terrain avant de vous abonner.

Comment savoir si vous êtes prêt pour un logiciel d'e-commerce multicanal ? En gros, lorsque votre chiffre d'affaires se situe entre 800 à 1 000 dollars par mois et affiche une tendance régulière à la hausse. C'est à ce niveau que votre activité commence à ressembler à une véritable entreprise et que l'augmentation des ventes justifie le coût supplémentaire de l'utilisation d'outils avancés pour accroître la distribution.

La distribution multicanale vous permet d'accéder à des plateformes de commerce électronique géantes telles qu'Amazon, Walmart et Google, ou encore Etsy. Il faut garder à l'esprit les différences importantes qui existent entre les plateformes de vente :

* Données démographiques des acheteurs. Ce n'est pas parce que vous pouvez accéder à une plateforme de vente géante que vous devriez le faire. Walmart attire les chasseurs de bonnes affaires qui n'apprécieront pas la valeur des articles faits main.

* Concurrents. La place de marché Amazon regorge de vendeurs de produits importés à bas prix en provenance d'autres pays. En revanche, le marché Amazon Handmade est un sous-ensemble de vente où la concurrence peut être moindre, en fonction de ce que vous fabriquez.

* Commissions des vendeurs. Les commissions que vous payez par vente diffèrent d'un site à l'autre. Etsy facture 5 %, tandis qu'Amazon facture 15 % par vente. Surveillez votre retour sur investissement (ROI) sur chaque site afin de vous assurer une rentabilité. Connaissez le coût de vos marchandises et le coût de vos ventes avant de vous inscrire pour vendre sur une plateforme.

* Retours. Presque toutes les plateformes de vente demandent aux vendeurs de proposer une politique de retour. Vos ventes augmenteront si vous offrez une garantie de remboursement, valable pendant deux semaines ou plus, à compter de la date de livraison.

Parmi les caractéristiques utiles à rechercher dans les applications de vente multiplateformes, citons les suivantes :

* Synchronisation de l'inventaire sur plusieurs sites afin de ne pas survendre ce que vous avez en stock.

* Importation/exportation facile des listings d'une plateforme à l'autre.

* Édition ou mise à jour des listings sur tous les canaux en même temps.

* Gestion des expéditions de tous les canaux à partir d'une seule interface.

* Rapports qui vous permettent de savoir comment les plateformes fonctionnent.

* Aide en cas de problèmes et de pannes.

* Synchronisation avec l'inventaire d'Amazon FBA pour réaliser et expédier des commandes provenant d'autres canaux.

Shopify

Shopify est une suite populaire d'outils qui vous permet de vendre vos produits en ligne sur de nombreuses places de marché. Elle vous permet de personnaliser un panier d'achat à partir de thèmes préconçus, sans avoir besoin de compétences ou d'expérience préalable dans la création d'un site Web.

Shopify s'intègre à Amazon, Etsy, eBay, Google, Instagram, Facebook, Pinterest, Lyst, votre propre site web et à de nombreuses autres plateformes.

Shopify est un service d'abonnement mensuel, à partir de 29 $ par mois pour un niveau de base. À quel moment de votre activité Shopify deviendra rentable ?

Disons que vous vendez sur Etsy, où il n'y a pas de frais mensuels. Vous payez 5 % par vente et 0,20 $ par listing. Vos ventes sur Etsy s'élèvent à 600 $ par mois, pour lesquelles vous payez au moins 30 $ par mois en commissions (sans compter les frais de listing). 5 % de 600 $ correspondent à 30 $, ce qui équivaut à un mois d'abonnement à Shopify. Dans cet exemple, il vous faudrait un volume mensuel minimum supérieur à 600 $ avant d'envisager Shopify.

Etsy et Shopify

Une question fréquemment posée au sujet du commerce électronique pour les produits faits maison est la suivante : « Dois-je vendre mes articles par le biais d'Etsy ou de Shopify ? » Cela revient à comparer des pommes et des oranges. La question devrait être « à quel moment de la croissance de mon entreprise devrais-je envisager Shopify plutôt qu'Etsy ? ».

Etsy est une place de marché dotée d'un moteur de recherche et d'un panier d'achat, au service d'un large public d'acheteurs fidèles. La base de fans d'Etsy se développe grâce au travail de son équipe marketing, dont la mission est d'attirer les acheteurs sur le site et d'aider les vendeurs à réaliser des ventes.

Shopify est une application intégrante de panier d'achat qui vous permet de vendre sur plusieurs plateformes, mais il n'existe pas de place de marché d'acheteurs Shopify.

Sur Etsy, vos produits sont présentés aux acheteurs qui cherchent à acheter des produits faits main, alors qu'avec Shopify, vous devez trouver des clients et les renvoyer vers votre page de paiement. Pour ce faire, vous pouvez utiliser le SEO (obtenir des visiteurs de manière organique à partir de la recherche) ou des publicités payantes.

Avantages de l'Utilisation de Shopify

* Flexible. Il s'intègre à plus de 2 000 plateformes, dont Etsy, Facebook, Pinterest, Instagram, Google Shopping, eBay, Amazon, WooCommerce et des services d'impression à la demande comme Printful. https://apps.shopify.com/

* Shopify vous permet de vendre des téléchargements numériques directement en utilisant l'une de leurs applications gratuites : https://apps.shopify.com/digital-downloads

* Vous n'avez pas besoin d'expérience préalable dans la création de sites Web. Avec Shopify, vous pouvez « glisser-déposer » ou choisir parmi de nombreux modèles.

* Vous pouvez personnaliser les pages de paiement de votre site web, contrairement à Etsy ou Amazon.

* Évolutif. Pensez d'abord à Etsy pour démarrer votre activité artisanale. Lorsqu'il est temps de passer au niveau supérieur, Shopify est l'application qui vous permettra d'étendre votre présence dans le commerce électronique sur toutes les principales plateformes de médias sociaux au moyen d'une interface unique.

* Assistance clientèle pour joindre quelqu'un qui vous aidera à répondre à vos questions et à résoudre vos problèmes.

Inconvénients de l'Utilisation de Shopify

* Si vous n'avez pas encore de clientèle, vous devrez redoubler d'efforts pour attirer l'attention sur vos listings de produits.

* Si vous êtes une start-up, vous devrez prévoir une dépense supplémentaire par mois (plan de base autour de 29 \$, fonctions avancées pour 79 \$ et 299 \$) qui ne sera pas nécessaire si vous commencez avec une boutique Etsy (pas de frais mensuels, pas de frais d'installation et seulement 0,20 \$ par listing).

* De nombreuses fonctions nécessitent l'installation d'applications supplémentaires.

* Vous devez souscrire à l'un des abonnements les plus chers pour bénéficier de fonctions avancées telles que les rapports professionnels.

* Bien que certaines tactiques de SEO fonctionnent bien avec Shopify, l'optimisation des pages de produits n'est pas aussi simple qu'avec Etsy ou Amazon.

* Les images des produits doivent avoir le même ratio d'aspect.

Exemple d'expansion de votre activité artisanale sur Etsy ou Amazon Handmade en ajoutant des intégrations Shopify. Comme nous l'avons mentionné plus haut, Shopify sera plus utile lorsque vous serez prêt à développer ou à augmenter vos ventes existantes sur Etsy ou Amazon. Vous devez réaliser suffisamment de bénéfices pour justifier le coût supplémentaire d'un abonnement à Shopify et être prêt à augmenter le trafic pour rentabiliser cet abonnement grâce à l'augmentation du volume des ventes.

L'augmentation de votre trafic peut se faire de plusieurs manières. Par exemple, Pinterest attire des millions de visiteurs qui utilisent le site pour rechercher des idées avant de faire un achat. Avec l'intégration Shopify Pinterest, vous pouvez ajouter un bouton d'achat à une épingle pour faire la promotion de l'un de vos produits. Les visiteurs voient votre image/épingle. Si elle correspond à leurs besoins (ou est pertinente), ils peuvent cliquer sur le bouton « acheter » et payer depuis votre page Shopify. À mesure que vous développez votre réseau Pinterest, ajouter le bouton d'achat Shopify à vos épingles rend les choses plus faciles.

Les boutiques Facebook et Instagram s'intègrent à Shopify de la même manière que Pinterest. Si vous faites la promotion de vos produits sur ces sites, les visiteurs peuvent cliquer sur le bouton « acheter » pour commander et payer. Comme pour Pinterest, si vous avez des abonnés Instagram ou FB, il est beaucoup plus facile de développer votre activité sur ces comptes sociaux en utilisant Shopify.

N'oublions pas Google. Supposons que vous avez fait du bon travail avec le SEO et que vos pages de produits apparaissent dans les résultats de recherche de Google Shopping. En intégrant Shopify, les clients potentiels sont à un clic d'acheter après avoir vu votre produit sur Google Shopping.

Plus d'applications pour Vendre sur Plusieurs Plateformes

Outre Shopify, voici d'autres services d'e-commerce multicanal :

* Spreesy est une application approuvée par Etsy pour vendre directement à partir de Facebook et d'Instagram par le biais de votre boutique Etsy : https://etsyapps.com/spreesy/.

* https://sellbery.com S'intègre à Amazon, Etsy, eBay, Google Shopping, Facebook, et plus encore.

* https://www.sellbrite.com/ S'intègre à Amazon, Etsy, eBay, Google, Sears, et plus encore.

* https://www.primaseller.com/ S'intègre à Amazon, Etsy, eBay et Flipkart.

Synchronisation des Données d'Inscription Entre les Plateformes

Si la vente d'une même gamme de produits sur plusieurs plateformes semble attrayante, il y a quelques étapes techniques à maîtriser. Elles ne sont pas difficiles et tous les outils font de la facilité d'utilisation une priorité. Des tutoriels vidéo sur YouTube vous expliquent ce qu'il faut faire.

Un résumé du processus : en utilisant un flux de données d'un produit, un vendeur peut rapidement importer ou exporter des listings de produits vers d'autres sites. Le champ de données d'un produit comprend divers éléments de votre listing. Les visiteurs de vos pages ne voient pas le flux de données, car il se trouve en arrière-plan. Mais les applications savent comment rechercher ces flux, extraire les données du champ approprié et les exporter vers une autre plateforme.

Lorsque vous connectez deux ou plusieurs boutiques par le biais d'une seule application, il peut vous être demandé d'identifier les champs de données et de les associer aux plateformes sur lesquelles vous souhaitez vendre. Par exemple, dans votre fichier de données Etsy, les données de description de vos listings de produits peuvent avoir un nom différent de celui du champ de description des listings de produits Amazon. Si un outil ne peut pas les faire correspondre automatiquement, il vous demandera d'identifier les deux champs pour qu'ils se synchronisent avant l'importation.

Avec vos listings de produits présents sur plusieurs canaux, il est peut-être temps d'attirer plus de visiteurs. Un moyen efficace d'augmenter le trafic est d'inciter les influenceurs et les médias à mentionner ou à évaluer vos produits. Le chapitre suivant vous explique comment trouver et vous adresser aux influenceurs, blogueurs et journalistes.

Chapitre 17 :

Inciter les Influenceurs à Mentionner Vos Produits

Avec un argumentaire de vente accrocheur auprès du bon influenceur, vos produits faits main pourraient être mentionnés et entraîner des ventes sur des blogs populaires, des flux Instagram, des tableaux Pinterest, des podcasts, des magazines ou d'autres médias.

Dans ce chapitre, vous apprendrez comment obtenir de la publicité à partir de votre histoire. Vous découvrirez :

* Comment se préparer avant d'entrer en contact avec les influenceurs

* Les types de médias utilisés par les influenceurs

* Comment élaborer l'argumentaire de vente de votre histoire

* Où trouver les coordonnées des influenceurs et des médias

* Des conseils pour obtenir de la publicité

Comment Se Préparer Avant d'Entrer en Contact avec les Influenceurs ?

Une étude a montré que 90 % des journalistes commencent leur recherche d'articles par une exploration en ligne. S'ils vous trouvent et que votre histoire est digne d'intérêt, ils écriront sur vous.

Avant d'entrer en contact avec un journaliste, un blogueur ou un critique de produit, vérifiez s'ils s'adaptent à votre ligne de produits. Ont-ils déjà chroniqué ou mentionné des produits faits main comme le vôtre ? Si votre article n'est pas pertinent pour leur public, ils ne seront pas intéressés, ou s'ils demandent de l'argent pour mentionner notre produit, vous n'aurez pas de ventes.

Avant d'entrer en contact avec les influenceurs, préparez un kit média en ligne auquel ils pourront se référer. Voici une liste de ce que doit contenir votre kit média. Si vous ne disposez pas de tous ces éléments, créez un kit média à partir de ce que vous avez. Il est préférable de n'avoir même que quelques-uns de ces éléments plutôt que rien du tout.

* La première chose à clarifier est votre **message**. Quels sont votre histoire, votre parcours, votre vision/mission ? Vous avez besoin d'une version contenant sept mots, d'une version de la taille d'un paragraphe et d'une biographie plus longue de votre parcours en tant que fabricant ou artisan.

* Une **fiche d'information** à puces téléchargeable décrivant qui vous êtes, ce que vous faites, où vous vivez, quand vous avez commencé, comment vous fabriquez votre artisanat et vos coordonnées.

* Une **Page « À propos de moi »**. Il s'agit de votre parcours, votre éducation, vos récompenses et de tout ce qui est pertinent pour vos créations. Évitez d'énumérer l'ensemble de vos antécédents professionnels, à moins qu'il ne s'agisse d'un poste spécifiquement lié au développement de vos produits artisanaux.

* Des **photos** haute résolution et de **qualité professionnelle** de vous-même, de vous en train de fabriquer vos créations et de certaines de vos plus belles pièces.

* Une **vidéo** de vous en train de créer ou de parler de vos créations indépendantes.

* Un **communiqué de presse** sur vous et votre travail.

* Les **dates d'exposition** si vous avez des expositions d'art ou d'artisanat prévues pour l'année à venir.

* **Mentions antérieures dans les médias** : interviews, articles, coupures de presse ou critiques.

* **Prix** ou concours que vous avez remportés.

* Liste de dix ou douze **exemples de questions** pour un entretien.

* Si vous en avez, incluez des blagues ou des **faits amusants**.

* Vos **coordonnées**.

Types d'Influenceurs Et de Médias

La publicité existe sous de nombreuses formes, notamment la mention dans les journaux, les magazines, la télévision et les médias en ligne tels que les blogs, les podcasts, les vidéos et les publications sur les sites sociaux. Comme mentionné précédemment, identifiez les influenceurs qui ont écrit sur des produits similaires à ceux que vous fabriquez.

Lorsque vous faites l'objet d'un article dans un ou plusieurs médias, mentionnez-le lorsque vous vous adressez à d'autres influenceurs.

Influenceurs Sociaux

Les influenceurs sur Instagram, Facebook, Twitter, Pinterest ou YouTube produisent des contenus exposés à des milliers – voire des centaines de milliers – d'abonnés. Des outils de veille sociale comme https://influencermarketinghub.com/top-all-influencers-france/, https://www.heepsy.com et https://www.NinjaOutreach.com les identifient pour vous. Bien que tous deux soient des services d'abonnement, vous pouvez vous inscrire pour un mois, trouver des listes d'influenceurs dans votre genre à qui vous adresser, puis annuler.

Prenez le temps d'étudier les anciens posts de chaque influenceur et de découvrir les types de produits qu'ils mentionnent. Leurs anciens posts incluent-ils des produits comme les vôtres ?

Les influenceurs peuvent être divisés en macro et micro-influenceurs. Le propriétaire moyen d'une petite entreprise ne peut pas se permettre de payer les honoraires des macro-influenceurs. En revanche, louer les services de micro-influenceurs, dont l'audience se situe entre 1 000 et 100 000 personnes, ne coûtera pas cher.

Blogueurs Qui Passent en Revue des Produits Faits Main

Les blogueurs spécialisés dans le shopping passent en revue les nouveaux produits fabriqués par des indépendants – certains contre rémunération, d'autres en échange d'un produit gratuit. Avant de présenter votre produit à un blogueur, lisez ses articles précédents et familiarisez-vous avec la façon dont cette personne a écrit au sujet d'autres produits comme le vôtre.

Outre les critiques, les blogueurs mentionnent les cadeaux ou les concours de produits. Si un blogueur accepte d'écrire sur vos produits, il inclura un lien vers votre boutique. Un concours peut attirer de nouveaux visiteurs sur votre boutique Etsy ou magasin en ligne.

Plus le blog est populaire, plus il reçoit de demandes d'évaluation de produits. Votre présentation peut se démarquer si elle :

* S'adresse au blogueur par son nom

* Fait l'éloge d'une ou deux de ses publications antérieures que vous avez appréciées

* Fournit des images brillantes de votre travail

* Offre un lien vers ce blog à partir de votre propre blog ou de votre flux social.

* Est authentique. Racontez votre histoire. Les gens aiment les histoires auxquelles ils peuvent s'identifier.

Journaux et Magazines

Si vous élaborez un bon argumentaire de vente et que vos photos sont intéressantes, les journaux locaux, les magazines et les chaînes de télévision affiliées sont susceptibles de vous mentionner parce que vous faites partie de la communauté.

La plupart des médias nationaux, comme les journaux et les magazines, recherchent des histoires qui informent, éduquent, provoquent ou divertissent leurs lecteurs. Lorsque vous pouvez fournir aux rédacteurs en chef des nouvelles ou des histoires en rapport avec les intérêts de leur public, vous leur facilitez la tâche.

La clé est de vous adresser à des journalistes qui ont couvert des histoires comme la vôtre. La méthode pour rechercher les coordonnées des médias est décrite plus loin dans ce chapitre.

Comment Vendre Votre Histoire

Le travail des rédacteurs, des écrivains, des reporters et des producteurs consiste à trouver des histoires à développer pour leur public. Chaque jour, ils reçoivent de nombreux argumentaires de vente de vendeurs de produits et en rejettent la plupart.

Les journalistes peuvent examiner un argumentaire ou un communiqué de presse et déterminer en quelques secondes s'il convient à leurs lecteurs ou téléspectateurs. L'expression clé est « leurs lecteurs ou téléspectateurs ». C'est là que la plupart des argumentaires échouent. Le message ou le produit est trop axé sur sa propre promotion ou ne convient pas à leur public. Si vous voulez que les médias vous mentionnent, apprenez tout ce que vous pouvez sur les sujets qu'ils traitent.

Commencez votre présentation en indiquant à la personne comment vous l'avez trouvée et pourquoi vous appréciez son contenu. Poursuivez avec un paragraphe ou deux et un lien vers un communiqué de presse plus long sur le kit média en ligne de votre site web.

Votre pitch commercial doit être suffisamment bref pour que le rédacteur en chef soit intrigué, mais pas submergé par trop d'informations. Énoncez un problème que résout votre produit fait main. Par exemple, si vous fabriquez des articles de décoration à partir de plastique recyclé, vous contribuez à sauver la planète en réutilisant du plastique qui, autrement, se retrouverait dans les décharges. Décrivez votre solution. Créez ensuite un lien vers votre site Web, votre page Facebook ou votre blog pour plus d'informations.

Une partie de votre histoire est visuelle, vous voudrez donc inclure vos meilleures images et/ou vidéos si vous en avez. Si la personne à qui vous avez envoyé votre pitch souhaite en savoir plus, elle vous contactera.

La personne qui va évaluer votre produit peut vous demander de fournir un produit gratuit en échantillon.

Où Trouver des Contacts Parmi les Influenceurs ou les Médias ?

Les contacts parmi les influenceurs et les médias peuvent être des écrivains, des reporters, des blogueurs, des producteurs, des podcasteurs ou encore des rédacteurs. Vous trouverez ci-dessous de nombreuses façons de les trouver.

Commencez par une recherche sur Google. Par exemple, si vous créez une ligne d'accessoires pour les clients de vêtements occidentaux, cherchez « blogueurs de mode occidentale ».

Comme mentionné précédemment, https://influencermarketinghub.com/top-all-influencers-france/. Utilisez-les pour trouver des influenceurs sur les médias sociaux en fonction de leur public, de leur portée et de leur engagement.

Collabfluence.com est un service d'abonnement mensuel où vous pouvez publier une annonce sur votre produit et laisser les influenceurs venir à vous. Vous décrivez votre gamme de produits faits main, le montant que vous êtes prêt à payer pour une publication ou une mention, et vos coordonnées.

Google.com/alerts programme Google pour qu'il vous envoie des alertes lorsqu'une actualité apparaît sur des produits comme ceux que vous fabriquez. J'ai programmé plusieurs alertes Google pour être informé sur le thème de la « mode durable » et de plusieurs autres sujets. Notez le nom du journaliste ou du blogueur et trouvez ses coordonnées.

Localisez les blogs par catégorie sur :
* Feedly.com
* Blogarama.com
* Bloggernity.com
* Alltop.com

Twitter et Instagram vous aident à localiser les rédacteurs, les producteurs, les blogueurs et les critiques. Dans la barre de recherche, tapez le nom ou le hashtag du média et appuyez sur la touche Entrée. Sur Twitter, choisissez l'onglet « Personnes ». Par exemple, si vous tapez HGTV, vous obtiendrez les producteurs et les reporters de l'émission et les sujets qu'ils couvrent. Effectuez également une recherche par profession. Par exemple, cherchez « critique de produits » et commencez à suivre les critiques qui couvrent des produits comme le vôtre.

Dans le cas des publications imprimées, **magazine mastheads** énumèrent l'éditeur, le rédacteur en chef et les autres membres du staff, y compris les rédacteurs qui couvrent des sections spécifiques telles que les nouveaux produits, les start-up, etc.

Autres Conseils pour Obtenir de la Publicité

* Suivez et lisez les publications, les fils d'actualité, les blogs ou regardez les émissions de télévision auxquels vous envisagez de présenter votre histoire.

* Ciblez les organes de presse et les reporters en rapport avec votre travail. Si vous fabriquez des nœuds à cheveux pour jeunes filles, ne contactez pas un rédacteur de *Popular Mechanics*.

* Découvrez s'ils ont déjà évalué des entreprises comme la vôtre.

* Recherchez la section « Nouveaux produits » d'une publication. Ces départements sont toujours à la recherche de nouvelles choses sympas pour leurs lecteurs.

* Les images et les vidéos racontent des histoires. Les reporters recherchent des visuels intéressants pour accompagner les communiqués de presse.

* Chaque fois que vous lancez un nouveau produit, envoyez un communiqué de presse. Expédiez un échantillon de votre produit aux journaux locaux et aux chaînes de télévision.

* Annoncez les prix que vous venez de remporter. Les journaux locaux aiment mettre en avant les entreprises indépendantes qui reçoivent une reconnaissance, car c'est une bonne chose pour la communauté.

* Écrivez une histoire si votre lieu de travail se trouve dans un endroit historique ou inhabituel.

* Profitez de la période d'achat de cadeaux pour les fêtes. Les chroniqueurs recherchent des thèmes d'articles avant les vacances.

* Pouvez-vous associer vos articles à des jours ou des mois particuliers ? Le 15 novembre aux États-Unis est la Journée du Recyclage. Identifiez d'autres faits intéressants sur chaque mois de l'année sur gone-ta-pott.com/facts-about-each-month-directory.html.

* Faites don d'une de vos créations à une œuvre de bienfaisance ou à une collecte de fonds. Envoyez un communiqué de presse aux journaux, magazines et émissions de télévision locaux avec une photo de votre produit.

* Parrainez un événement communautaire local et faites-le connaître aux journaux locaux.

* Les reporters sont toujours à la recherche de sujets d'actualité liés à ce qui est lu et discuté dans les médias grand public. Pouvez-vous établir un lien entre un sujet populaire et votre gamme de produits ?

* À la fin de votre argumentaire de vente aux médias, créez un lien vers votre kit média en ligne.

Commencez à réunir toutes les mentions que vous recevez de la part des influenceurs ou dans les médias. Cela vous rendra fier de ce que vous créez. Cette liste devrait apparaître dans le kit média de votre site web. Si vous envisagez de développer votre marque et de vendre à des boutiques, vous constaterez qu'un portfolio de coupures de presse peut être très persuasif lorsque vous contactez les magasins.

Vous avez appris de nombreuses façons de commercialiser en ligne vos articles faits main. Une fois que vous aurez réalisé des ventes, et seulement après, envisagez de développer votre activité par le biais de publicités. Le chapitre suivant vous explique comment.

Chapitre 18

Publicité Payante

La plupart des plateformes sociales et des sites de commerce électronique disposent de programmes publicitaires. Ce chapitre vous aide à déterminer si la publicité payante vous convient.

Étant donné tous les moyens gratuits qui existent pour faire de la promotion en ligne, je vous recommande de les utiliser en premier lieu avant d'investir de l'argent dans des publicités payantes. Ce n'est qu'après avoir obtenu des revenus supplémentaires que vous devriez envisager de risquer de l'argent en testant des campagnes publicitaires. Le fait d'injecter de l'argent dans vos listings n'augmentera pas leur taux de conversion.

Bien que les programmes publicitaires varient d'un site à l'autre, vous trouverez ci-dessous les meilleures pratiques qu'il faudrait retenir avant de diffuser des annonces sur un site :

* Ne diffusez pas d'annonces tant que vous n'avez pas la certitude que la page de listing de votre produit fait son travail en convertissant les visiteurs en acheteurs. Si vos pages obtiennent du trafic, mais ne convertissent pas en vente, cherchez à améliorer vos images, la pertinence de vos mots-clés de référencement SEO, la description de votre produit et votre prix. Lorsque vous commencez à obtenir des ventes grâce au trafic organique, vous pouvez faire évoluer les profits de votre page avec des annonces publicitaires.

* Fixez un faible budget quotidien et augmentez progressivement les dépenses publicitaires tant que vous constatez des bénéfices. Certains sites vous permettent de dépenser aussi peu qu'un dollar par jour.

* Calculez vos marges bénéficiaires avant de tester les annonces publicitaires.

* Ciblez votre/vos public(s) en fonction du thème ou du média que vous utilisez. Par exemple, si vous vendez des vêtements ou des accessoires faits main, votre public se trouvera sur les sites de critiques de style et de mode ou sur les tableaux Pinterest.

* Testez les annonces publicitaires en utilisant différents termes de recherche pour déterminer quelles phrases convertissent le plus de chercheurs en acheteurs.

* Quel que soit l'endroit où vous faites de la publicité, surveillez vos campagnes publicitaires afin de savoir quelles annonces génèrent des ventes.

Annonces Etsy

Les vendeurs Etsy ont la possibilité de payer pour les « annonces Etsy », une fonction qui se trouve dans la rubrique « Marketing » de votre « Gestionnaire de boutique ». Mais comme nous l'avons mentionné, vous ne devriez pas tenter les « Annonces Etsy » avant d'avoir réalisé des ventes organiques.

Choisissez les listings que vous souhaitez promouvoir et allouez-vous un budget de dépenses quotidien. Fixez votre budget initial au minimum afin d'avoir les moyens pour tester les résultats. Etsy vous permet de gérer un budget aussi bas que 1 $ par jour. Après quelques semaines, revenez sur le site et consultez les statistiques de vos annonces publicitaires promues.

Etsy ne propose pas d'adapter les réglages des campagnes publicitaires. Vous activez la fonction « Annonces Promues », sélectionnez les annonces à promouvoir et définissez un budget quotidien. Vous ne payez que lorsque quelqu'un clique sur une annonce publicitaire pour accéder à votre listing de produits.

Annonces Amazon Handmade

Pour tester les publicités sur Amazon pour vos listings sur Amazon Handmade, connectez-vous à votre compte à l'adresse https://sellercentral.amazon.com/ Cliquez sur l'onglet « Publicité » et dans le menu déroulant, sélectionnez « Gestionnaire de campagne ».

Après avoir lancé une campagne publicitaire, vous pouvez visualiser les impressions, les clics, les taux de clics, les dépenses publicitaires, le CPC (Coût Par Clic), les commandes, les ventes et les ACOS (Coût De Vente Publicitaire) de votre publicité.

Les annonces publicitaires sur Amazon requièrent un budget quotidien minimum de 5 $. Connaissez vos marges bénéficiaires avant de tester les annonces sur Amazon.

Amazon propose plusieurs options de ciblage des acheteurs, divisées en ciblage automatique et manuel :

Ciblage automatique – Amazon choisit comment et quand afficher votre annonce en fonction de son titre et de sa description.

Ciblage manuel – Vous choisissez parmi :

* Ciblage des mots-clés spécifiques. Ceux-ci doivent correspondre aux mots-clés dans le titre et la description du listing de votre produit. La recherche de mots-clés est expliquée au chapitre 6.

* Ciblage de produits spécifiques. Vous pouvez programmer votre annonce pour qu'elle s'affiche lorsque quelqu'un consulte les listings de vos concurrents.

* Ciblage de catégories spécifiques. Vous pouvez cibler des catégories entières, comme les bijoux, les accessoires, les vêtements pour hommes, etc.

Amazon vous permet de sélectionner différents types de correspondance : match large, match de phrases, correspondance exacte et négative lorsque vous configurez vos annonces publicitaires. Économisez de l'argent et obtenez des données plus utiles en choisissant la correspondance exacte et le match de phrases. Si vous choisissez le match large, Amazon affichera vos annonces lorsque les visiteurs saisiront des mots similaires aux vôtres, et vous dépenserez donc plus d'argent sur les expressions connexes.

Lorsque vous commencez avec les annonces publicitaires sur Amazon, configurez une campagne de ciblage automatique avec un budget minimum. Laissez-la fonctionner pendant quelques jours, voire une semaine. Ensuite, allez dans votre gestionnaire de campagne et consultez les résultats pour savoir quels termes de recherche les internautes ont utilisés pour cliquer sur vos annonces. Puis créez une nouvelle campagne publicitaire par mots-clés en ciblant ces termes de recherche dans des campagnes de ciblage manuel.

En fonction de votre budget, vous pouvez lancer plusieurs types d'annonces publicitaires en même temps pendant une semaine. Par exemple, vous pourriez mettre en place une annonce par ciblage automatique, une autre par mots-clés, une autre par catégorie et une autre en ciblant vos concurrents. Une fois les annonces diffusées pendant sept jours, étudiez les résultats pour décider s'il convient de continuer à diffuser des annonces (si elles ont entraîné des ventes) ou de les mettre en pause (parce qu'elles n'ont pas généré de ventes).

Annonces sur Facebook et Instagram

Facebook est propriétaire d'Instagram et la gestion des publicités pour les deux plateformes commence sur FB. FB propose des options de ciblage précises pour diffuser des publicités sur les deux sites. Commencez par créer un compte Facebook Business Manager à l'adresse suivante : https://business.facebook.com/.

* Déterminez votre budget quotidien. FB vous permet de limiter vos dépenses publicitaires quotidiennes à 1 $ ou plus.

* Déterminez ce que vous voulez que les gens fassent après avoir vu votre annonce. S'inscrire à votre liste de diffusion ? Acheter votre produit ?

* Si vous avez votre propre site web, ajoutez un code Facebook Pixel à la page d'atterrissage du site web vers laquelle vous envoyez les internautes. Le pixel collecte des données que vous pouvez utiliser pour un ciblage avancé des publicités.

* Utilisez vos meilleures images, ou mieux encore, utilisez des vidéos dans vos annonces publicitaires, car les annonces vidéo obtiennent un meilleur taux de réponse.

* Limitez la quantité de texte. La plupart des internautes parcourent leurs fil d'actualité et ne lisent pas de longs paragraphes.

* Incluez un appel à l'action. Dites aux internautes ce qu'ils doivent faire, comme « cliquez ici pour commander ».

* Ciblez un public qui aime les pages FB des vendeurs de produits comme le vôtre.

* Ciblez les personnes qui aiment les pages FB et susceptibles d'acheter des produits comme les vôtres. Si vous vendez des bijoux faits main, vous pouvez faire en sorte que vos annonces soient diffusées auprès de personnes qui ont aimé des pages de mode sur FB.

* Ciblez des mots-clés spécifiques et FB vous montrera les pages FB qui y sont associées.

* Téléchargez les e-mails de vos clients et demandez à FB de créer un public similaire sur la base de données démographiques communes.

* Surveillez l'analyse de vos publicités via votre tableau de bord FB Business Manager : https://business.facebook.com

* Pour une vue d'ensemble de la mise en place de publicités sur FB, voir : https://www.facebook.com/business/ads

* Comme pour les publicités Facebook, vous pouvez créer des audiences similaires pour les publicités Instagram via votre site Facebook Business Manager.

* Surveillez de près les statistiques de votre boutique Etsy lorsque vous lancez une campagne publicitaire sur Instagram ou autres. Vos statistiques Etsy vous indiqueront si vous obtenez du trafic depuis Instagram ou d'autres réseaux sociaux. Si les publicités fonctionnent, augmentez votre budget et rapprochez-vous de nouveaux publics.

* Si vos publicités n'entraînent pas de ventes rentables, arrêtez les campagnes. Changez votre contenu, ou votre offre, ou votre public.

Annonces Pinterest

Pinterest propose plusieurs options pour les annonces publicitaires. Tout d'abord, créez ou passez à un compte professionnel à l'adresse suivante : http://pinterest.com/business/create/.

* Depuis le tableau de bord de votre compte professionnel, cliquez sur « Annonces », puis sur « Créer des annonces ».

* Cliquez sur « Nouveau groupe d'annonces »

* Cliquez sur « Ciblage »

Sous « Mots-clés » (au-dessous de « Ajouter centres d'intérêt »), saisissez vos mots-clés. Pinterest suggérera automatiquement des mots-clés en fonction des recherches.

* Choisissez d'autres données démographiques comme l'âge et le sexe.

* Saisissez votre budget quotidien.

* Saisissez la durée de votre campagne publicitaire.

* Choisissez l'épingle que vous souhaitez promouvoir. Vous pouvez promouvoir des images ou des vidéos.

* Choisissez l'URL de destination vers laquelle vous voulez que les visiteurs se dirigent.

* Pour plus de détails, voir le Gestionnaire de Publicité de Pinterest sur https://business.pinterest.com/en/using-ads-manager

Publications Payantes d'Influenceurs

Le marketing d'influenceurs est devenu une force majeure dans le domaine de la publicité. D'énormes entreprises versent beaucoup d'argent à des influenceurs populaires pour promouvoir leurs marques. Les coûts vont de 25 $ à plusieurs milliers de dollars par publication, en fonction de la taille de l'audience de l'influenceur.

Pour le fabricant artisanal, de nombreuses agences qui gèrent des campagnes payantes d'influenceurs seront hors de portée financièrement. La solution consiste à rechercher des micro-influenceurs à audience plus réduite, mais dont les coûts par publication sont moins élevés.

En recherchant sur Instagram des hashtags liés à votre niche, vous obtiendrez les meilleures publications qui incluent votre hashtag. Par exemple, si vous fabriquez des petits cadeaux pour les convives à un mariage, recherchez #mariagefaitmain ou #cadeaufaitmainconvivemariage. Cliquez sur les images pour afficher le profil et le site Web de la personne qui publie et pour savoir si elle publie des messages contre rémunération.

Reportez-vous au Chapitre 17 pour en savoir plus sur la manière de trouver et de présenter votre produit à des influenceurs dont l'audience correspond au genre de votre produit.

Suivez les Résultats de Vos Annonces

Les plateformes ci-dessus fournissent des données sur les performances de vos annonces publicitaires, bien qu'il faille parfois attendre quelques jours ou une semaine avant d'obtenir suffisamment de résultats pour prendre une décision. Après avoir mesuré vos résultats, vous pouvez diffuser d'autres annonces qui se sont avérées génératrices de ventes, modifier les annonces pour les tester à nouveau, et finalement éliminer les perdantes.

Les publicités ne sont pas adaptées à tous les produits artisanaux. N'oubliez pas de :

* Diffuser des annonces publicitaires pour augmenter vos ventes seulement après avoir constaté qu'elles peuvent convertir le trafic organique en ventes.

* Fixer un budget quotidien minimum faible lorsque vous testez des publicités.

* Suivre et mesurer de près les performances des annonces publicitaires pour déterminer si cela en vaut la peine d'augmenter les dépenses publicitaires ou de les supprimer.

Soyons réalistes, peu importe vos connaissances, des imprévus peuvent bouleverser vos plans bien établis. Le dernier chapitre vous aidera à éviter les pièges dans lesquels tombent de nombreux vendeurs.

Chapitre 19

Les Pièges à Éviter

Ce chapitre est un recueil d'erreurs courantes qui peuvent limiter la croissance de votre entreprise en ligne de produits faits main. Certains de ces points peuvent avoir été mentionnés ailleurs dans le livre, mais ils méritent d'être répétés.

* Mettre en place une boutique en ligne, puis attendre que les gens commencent à acheter. En supposant que vous ayez utilisé de bonnes images, des termes de recherche populaires issus de la recherche de référencement SEO et des descriptions de produits convaincantes, cela peut encore prendre plusieurs semaines avant que vos listings n'apparaissent dans les résultats de recherche. Si vous vendez à partir de votre propre site web, vous devez attirer les acheteurs vers vos fiches produits.

* Utiliser des images de mauvaise qualité. Vous avez déjà entendu cela plusieurs fois. Voir le Chapitre 3 pour savoir comment corriger vos images.

* Ne pas avoir de politique de retour revient à dire au client que vous n'acceptez pas les retours s'il n'est pas satisfait. Le fait de ne pas accepter les retours peut vous faire perdre de nombreuses ventes, car les acheteurs ne veulent pas prendre de risque. Le feriez-vous ?

* Fixer le prix de vos articles faits main trop bas. Les gens paieront plus pour des articles faits main. Il est important de se rappeler que vous n'êtes pas en concurrence avec Walmart.

* Ne pas lire et suivre les politiques appliquées aux vendeurs d'un site en ligne peut coûter cher. Si vous violez leurs conditions, peu importe que vous ne connaissiez pas les règles, ils peuvent quand même fermer votre boutique.

* Vérifier que votre contenu ne comporte pas de fautes d'orthographe ou de grammaire dans votre texte descriptif. Les acheteurs peuvent penser que si vous ne faites pas attention à

votre rédaction, vous pouvez aussi faire des erreurs dans votre artisanat.

* Utiliser dans votre contenu du texte que personne ne recherche. Appliquez les ressources mentionnées au Chapitre 6 pour rechercher les mots et les phrases que les consommateurs utilisent pour trouver des produits comme le vôtre.

* Des frais d'expédition ou de manutention exagérés constituent une tentative évidente d'exploiter votre client. Les acheteurs en ligne sont avisés. Il est normal de récupérer vos frais d'expédition réels, mais évitez de les surcharger. Il est même préférable de proposer une livraison gratuite si vous pouvez vous le permettre.

* Croire que vous avez appris tout ce qu'il y a à savoir peut vous coûter cher sur le long terme. Les marchés en ligne et la technologie évoluent tellement que la seule constante est le changement. Il y a toujours plus à explorer et à expérimenter. Les vendeurs qui réussissent le mieux affirment qu'ils ne cessent jamais d'apprendre.

* Ne pas prêter attention à ce que disent vos clients lorsqu'ils laissent des avis et commentent des publications sur les réseaux sociaux. Ma ligne de produits la plus réussie a rapporté plus de 134 000 $ en ventes, principalement parce que j'ai écouté les commentaires des acheteurs. Les clients me disaient quelles couleurs ils aimaient, comment ils comptaient offrir l'article en cadeau et comment ils allaient le porter. J'ai modifié ma gamme de produits, l'emballage et la présentation en fonction des commentaires des acheteurs et les ventes ont augmenté.

* S'attacher aux victoires. Le succès peut créer l'illusion que l'on ne peut pas échouer. Mais la technologie change, tout comme la demande de produits. La solution est de toujours penser à votre prochaine ligne de produits ou à un nouveau marché à conquérir.

Les appendices qui suivent vous offrent d'autres ressources.

Comment Créer des Descriptions de Produits Qui Font Vendre

Lorsque vous commercialisez vos articles faits main en ligne, ce sont les mots et les images qui doivent faire tout le travail. Les descriptions de produits jouent un rôle clé dans la conversion des clients en acheteurs. Découvrez comment les meilleurs vendeurs sur Etsy et Amazon Handmade décrivent leurs produits faits main :

Pour consulter les boutiques Etsy qui vendent le plus, visitez EtsyRank.com. Choisissez la catégorie la plus proche de votre gamme de produits. Identifiez certains des meilleurs vendeurs dans votre catégorie. Cliquez dessus et examinez leurs boutiques et leurs descriptions de produits.

Pour consulter les boutiques Amazon Handmade qui vendent le plus, visitez les https://www.amazon.com/Best-Sellers/zgbs. Amazon vous montre les meilleurs vendeurs et vous pouvez entrer dans les catégories pour trouver des produits comme les vôtres. Cliquez pour afficher les listings des produits les plus vendus et obtenir des exemples de leurs descriptions de listings.

Voici les éléments communs aux descriptions de produits qui font vendre :

* Des puces courtes plutôt que de longs paragraphes de texte. Les clients ne lisent pas les longs blocs de texte (surtout sur les téléphones portables, qui représentent probablement la moitié de vos visiteurs), mais ils parcourent les puces.

* Un langage authentique. Utilisez vos propres mots plutôt que de copier ceux des autres.

* Indiquez à qui s'adresse le produit. Est-ce pour les hommes, les femmes, les jeunes filles, ou alors qui en a besoin exactement ?

* Vos points doivent répondre à toutes les questions importantes sur votre produit, notamment en ce qui concerne : les couleurs, le poids, les dimensions, l'emballage, l'assemblage, l'entretien et comment voyager avec.

* Inclure une puce décrivant les matériaux utilisés.

* Si vos matériaux ou votre emballage sont respectueux de l'environnement, incluez une puce qui explique de quelle façon.

* Incluez des avantages tels que la polyvalence de votre produit, son style, son caractère amusant, sa simplicité d'utilisation ou le fait qu'il vous facilite la vie d'une manière ou d'une autre.

* Utilisez des mots qui décrivent ce que les clients vont ressentir : chaleureux, confortable, délicieux, aromatique, satisfaisant, comblé, enchanté, flatté.

* J'offre la livraison gratuite et Etsy affiche un badge sur mes listings pour le faire savoir aux clients. Mais j'inclus également « Livraison gratuite partout aux États-Unis » dans une des puces de ma description.

* Etsy fournit un lien vers vos commentaires dans la partie supérieure de votre listing, mais vous pouvez également ajouter vos meilleurs commentaires dans votre zone de description.

* Ajoutez un appel à l'action avant vos liens, comme « Achetez maintenant sur ..... ».

* Invitez les clients à vous contacter à tout moment s'ils veulent vous poser des questions sur le produit.

* Vérifiez l'orthographe et relisez votre description. Si votre texte contient des fautes de frappe ou d'orthographe, que pensez-vous que l'acheteur va imaginer de votre produit ?

Enfin, incluez un appel à l'action. Proposez des montées en gamme et des ventes additionnelles dans vos descriptions. Ajoutez des liens vers des produits connexes dans votre boutique et un autre lien vers la page principale de votre boutique. Lorsque vous faites des achats sur Amazon ou Etsy, vous verrez des messages tels que « Les clients qui ont acheté ce produit ont également acheté ce.... » ou « Ce produit a souvent été acheté avec..... ».

Canaux en Ligne pour la Vente en Gros aux Magasins

La vente aux magasins n'est pas pour tout le monde, mais pour ceux qui ont la capacité de production et la marge bénéficiaire (les magasins veulent généralement une remise de 50 %), la vente en gros peut devenir une activité importante.

Avant de vous aventurer dans ce domaine, vous devez savoir exactement combien il vous en coûte (main-d'œuvre et matériaux) pour produire vos pièces d'artisanat afin de déterminer si vous pouvez réaliser un bénéfice en vendant en gros. Voir le Chapitre 4.

Les acheteurs en gros veulent travailler avec des professionnels. Consultez le Chapitre 2 pour savoir comment créer votre marque afin de faire la meilleure impression possible lorsque vous approchez les magasins.

Portails d'achat en gros. Les sites web ci-dessous agissent comme des portails en ligne où les acheteurs de magasins de détail indépendants peuvent acheter directement auprès des fabricants. Chaque site a ses propres conditions d'inscription des produits :

* Stockabl.com
* Tundra.com
* Faire.com
* Indieme.com
* LAShowroom.com
* Wholesaleinabox.com
* Trouva.com (Royaume-Uni)

Alternatives à Etsy et Amazon Handmade

B ien qu'Etsy et Amazon Handmade aient le plus grand nombre d'acheteurs de produits faits main, il existe de nombreux sites dans le monde sur lesquels vous pouvez vendre.

Europe

artbaazar.com
artebooking.com
zet.gallery
marketplace.asos.com
tictail.com
allegro.pl
fnac.com
otto.de
fr.shopping.rakuten.com
kaufland.de
bol.com
spartoo.com
zalando.com
onbuy.com/gb/

Royaume-Uni

thefuturekept.com
folksy.com
madebyhandonline.com
misi.co.uk
miratis.com
designnation.co.uk
aerende.co.uk
personalise.co.uk
thecraftersbarn.co.uk
notonthehighstreet.com
rebelsmarket.com
artsthread.com

affordablebritishart.co.uk
art2arts.co.uk
artclickireland.com

États-Unis & Canada

artfire.com
zibbet.com
bonanza.com
artfulhome.com
ecrater.com
houzz.com
makersmarket.us
uncommongoods.com
icraftgifts.com
latitudesdecor.com

Australie

madeit.com.au
stateoftheartgallery.com.au
artloversaustralia.com.au
artpharmacy.com.au

Inde et Asie

melaartisans.com
artisera.com
artzyme.com
lazada.com (Asie du Sud-Est)

International

artsyshark.com/sell-art-online-directory/
eclecticartisans.com (bijoux faits main)
Facebook Marketplace est actuellement disponible pour les personnes de plus de 18 ans aux États-Unis, au Royaume-Uni, en Australie, en Nouvelle-Zélande et au Mexique sur l'application Facebook.

Appendice 4

Où Vendre des Produits sur Demande avec Vos Designs

Supposons que vous ayez des idées créatives, mais que vous ne souhaitiez pas fabriquer des articles pour les vendre. Vous pouvez faire imprimer vos réalisations créatives et vos conceptions sur des produits populaires tels que des calendriers, des posters, des tapis de souris, des t-shirts, des tabliers, des planches à découper et bien d'autres encore, grâce à ce que l'on appelle la fabrication à la demande.

Dans ce chapitre, vous trouverez les sites en ligne les plus populaires qui automatisent l'ensemble du cycle conception-produit-paiement-client. Si cette façon de commercialiser l'art et le design vous intéresse, les sites présentés ici disposent de systèmes permettant de créer et de vendre des produits à la demande.

Printful.com — Printful est un service d'exécution des commandes et d'entreposage à la demande qui assure l'exécution et l'expédition de produits tels que des vêtements, des accessoires et des articles pour la maison et la vie quotidienne pour les entreprises en ligne.

Cafepress.com — Téléchargez votre art et vendez-le sur des t-shirts, des vêtements, des cadeaux-déco, de la papeterie, des équipements et d'autres articles sur lesquels il est possible d'imprimer. Vous fixez le prix de vente au détail. Ils vous paient la différence entre votre prix et un coût de base.

Zazzle.com — Gagnez de l'argent en vendant vos idées sur des produits. Les clients parcourent le catalogue et lorsqu'une commande est passée, le produit est fabriqué et expédié. Appliquez vos designs à plus de vingt-cinq types de produits différents.

Redbubble.com — Il s'agit d'une galerie d'art en ligne qui permet de vendre facilement vos œuvres d'art, photos, dessins et illustrations sous forme de tirages encadrés, tirages montés, cartes de vœux, posters, t-shirts de créateurs, et plus encore. Inscrivez-vous gratuitement, puis téléchargez vos œuvres d'art. Ils reçoivent les commandes, déduisent un prix de base pour la fabrication des produits, et vous envoient vos gains.

Spreadshirt.com — Vous avez des designs pour des chemises ? Ce site est spécialisé dans la transformation de vos créations en chemises. La création d'un compte et la vente sont gratuites. Les artistes touchent une commission sur les ventes. L'adhésion Premium est disponible moyennant des frais mensuels.

Ponoko.com — Vous pouvez vendre vos produits en créant gratuitement votre propre showroom ici. Vous pouvez également modifier et mélanger les plans de produits que vous téléchargez sur Ponoko pour vendre quelque chose d'original, tant que vous respectez la licence de droit d'auteur du créateur. Vous fixez les prix.

Printfection.com - Ici, vous pouvez créer gratuitement une boutique où les clients peuvent commander vos créations sur des produits tels que des t-shirts, des tapis de souris, des planches à découper, des tabliers, et plus encore. Chaque produit a un prix de base et vous ajoutez la marge que vous souhaitez pour obtenir le prix de vente.

Artsnow.com — Artsnow vous permet de créer une boutique en ligne et d'exposer des produits fabriqués à partir de votre art ou de vos designs. Choisissez parmi plus de 200 produits, allant des vêtements et accessoires aux produits pour la maison et le bureau. Pas de frais initiaux ni d'investissement dans les stocks. Ils fabriquent et expédient les produits à la demande.

Artwanted.com — Il s'agit d'une communauté d'artistes où les artistes et les photographes peuvent interagir entre eux et vendre leurs œuvres. Le site compte plus de 145 000 images qui peuvent être imprimées en divers formats et des produits tels que des calendriers, livres imprimés, posters, t-shirts, etc.

Greetingcarduniverse.com—Transformez votre art en cartes de vœux sur ce site et vendez-les dans votre propre boutique gratuite. Vous conservez les droits d'auteur de vos images. Les artistes gagnent jusqu'à 0,56 $ pour chaque carte vendue.

Imagekind.com — Imagekind est un site d'art proposant des images d'art à vendre sous forme de cadres et de posters créés à partir de vos œuvres. Ils offrent plusieurs options pour créer une vitrine.

Deviantart.com—Deviantart est une communauté artistique en ligne permettant aux artistes et aux amateurs d'art d'interagir de diverses manières. Un compte communautaire est gratuit. Les fonctions promotionnelles supplémentaires nécessitent un abonnement. L'art et le design peuvent être transférés sur des supports tels que des tasses, des puzzles, des toiles, des calendriers, des tapis de souris, des sous-verres, des cartes postales et des aimants. Les utilisateurs gagnent 50 % des bénéfices au-delà d'un coût de base préétabli.

À Propos de l'Auteur

James Dillehay est un artisan, ancien propriétaire de galerie et auteur de quinze livres. Il a vendu ses produits faits main en ligne sur Etsy, Ebay et Amazon, lors d'expositions-concours avec jury aux États-Unis et dans des galeries et boutiques de Manhattan jusqu'au Grand Canyon.

James a élaboré et présenté des programmes de marketing d'artisanat pour l'Université d'Alaska, le Northern New Mexico Community College, Bootcamp for Artists and Craftspeople, The Learning Annex, et plus encore.

Il a été interviewé par *The Wall Street Journal Online, Yahoo Finance, Bottom Line Personal, Family Circle, The Crafts Report, Working Mothers,* Entrepreneur Radio, HGTV's *The Carol Duvall Show*, et bien d'autres.

Quelle est Votre Prochaine Étape?

Vous fabriquez des articles de haute qualité, mais vous n'arrivez pas à en vendre suffisamment ? Vos ventes sont florissantes, mais vous perdez de l'argent ?

Fort de plusieurs dizaines d'années d'expérience en tant que maître artisan et éducateur, le spécialiste du marketing James Dillehay a exposé son travail dans des boutiques et des galeries, lors de concours, et en ligne sur Etsy et Amazon.

Désormais, il se présente à nous pour partager la façon dont il a déchiffré le code sur la façon de fixer les prix et d'emballer votre marchandise pour une rentabilité maximale.

Comment fixer les prix pour de l'artisanat ou tout autre objet que vous fabriquez pour vendre est une feuille de route moderne pour les stratégies de fixation des prix dans le secteur concurrentiel des produits faits main.

Dans Comment fixer les prix pour de l'artisanat ou tout autre objet que vous fabriquez pour vendre, vous découvrirez :

Des stratégies de tarification pour l'artisanat qui rapportent de l'argent

Des moyens novateurs pour que vos biens artisanaux se distinguent de ceux des autres vendeurs. et bien plus encore !

Il s'agit d'un guide pragmatique sur la façon de fixer le prix des produits, destiné à tous ceux qui cherchent à optimiser leur entreprise en ligne.

Achetez Comment fixer les prix pour de l'artisanat ou tout autre objet que vous fabriquez pour vendre afin de gagner ce que vous méritez dès aujourd'hui !

JAMES DILLEHAY

COMMENT FIXER LES PRIX POUR DE L'ARTISANAT

OU TOUT AUTRE OBJET QUE VOUS FABRIQUEZ POUR VENDRE

IDÉES D'ENTREPRISES ARTISANALES À SUCCÈS POUR LA TARIFICATION SUR ETSY, LA VENTE AUX MAGASINS, SUR LES MARCHÉS PUBLICS & PARTOUT AILLEURS